MIX
Papier aus verantwortungsvollen Quellen
Paper from responsible sources
FSC® C105338

Désirée Eckert

Von Wilden und wahrhaft Wilden

Wahrnehmungen der „Neuen Welt“ in ausgewählten europäischen Reiseberichten und Chroniken des 16. Jahrhunderts

Diplomica® Verlag GmbH

Eckert, Désirée: Wahrnehmungen der „Neuen Welt“ in ausgewählten europäischen Reiseberichten und Chroniken des 16. Jahrhunderts, Hamburg, Diplomica Verlag GmbH 2012

ISBN: 978-3-8428-7892-1
Druck: Diplomica® Verlag GmbH, Hamburg, 2012
Covermotiv: © katatonia – Fotolia.com

Bibliografische Information der Deutschen Nationalbibliothek:
Die Deutsche Nationalbibliothek verzeichnet diese Publikation in der Deutschen Nationalbibliografie; detaillierte bibliografische Daten sind im Internet über http://dnb.d-nb.de abrufbar.

Die digitale Ausgabe (eBook-Ausgabe) dieses Titels trägt die ISBN 978-3-8428-2892-6 und kann über den Handel oder den Verlag bezogen werden.

Inhaltsverzeichnis

Abbildungsverzeichnis

1 Einleitung

Die bahnbrechenden Entdeckungsfahrten Christoph Columbus` oder Vasco da Gamas beflügelten die europäische Phantasien über abenteuerliche Reisen in ferne Länder. „Die geographische Erweiterung des Horizonts veränderte das Weltbild und das Selbstverständnis Europas ebenso revolutionär wie die Wiederbelebung des klassischen Gedankengutes im Zuge der Renaissance. Die phantastischen und märchenhaftesten Welten der dichterischen Imagination wurden durch Erfahrungen übertroffen, von denen die Seeleute und Abenteurer auf ihren Entdeckungsfahrten ins Ungewisse und Unbekannte erzählten.“[1] In dieser Zeit entstanden die Reiseberichte und Chroniken der Seefahrer, Abenteurer und der Militärs, die jene Neue Welt aus ihrer Sicht beschrieben und dadurch auch Einblick in ihre Gedankenwelt und Wahrnehmungskraft geben. „Das kommerzielle Element – die Suche nach Gold – war das bestimmende Motiv der Conquistadores als Nachfolger Columbus“[2] Sie sollte deren Denk- und Handlungsweise dauerhaft bestimmen. Dennoch veränderte sich die Erfahrung des Fremden, die europäische Reisende im Zusammentreffen mit der indigenen Bevölkerung Amerikas machten. Denn angesichts der rapiden geographischen und kulturellen Horizonterweiterung und tiefgreifender Verschiebungen im Gebiet der Religion, des Verhältnisses zur Tradition und zur Wissenschaft im 16. Jahrhundert bildete sich ein neuer Realismus. Dabei stellte die Begegnung mit der überseeischen Welt die reisenden Europäer vor mehrfache Herausforderungen. Zum einen mussten sie die Wirklichkeit der Neuen Welt beobachtend erfassen, sie verstehen und ihre Beobachtungen dann so darstellen, dass sie vom Publikum verstanden, goutiert und als glaubwürdig eingestuft wurden. Dabei musste der sich entwickelnde Realismus der Frühen Neuzeit auf allen Stufen dieses komplexen Verstehens- und Vermittlungsprozesses auf überkommene und mitunter veraltete Darstellungsmodi und Topoi zurückgreifen. Das Ziel der vorliegenden Studie ist es, zu zeigen, wie die europäischen Verfasser von Reiseberichten auf die Herausforderung der Fremdheit der Neuen Welt in Reiseberichten und Chroniken reagierten und diese Fremdheit zu erfassen und zu vermitteln suchten. Der Schwerpunkt liegt dabei auf der Wahrnehmung und Stilisierung der Eingeborenen der Neuen Welt in Reiseberichten und Chroniken. Dabei werden vier Aspekte des frühneuzeitlichen Reiseberichts besonders beachtet, da sich an ihnen der Epochenwechsel zur Neuzeit deutlich manifestiert. Der erste Aspekt ist die Nutzung von Quellen durch die Reisenden. Zwar lässt das Genre erwarten, dass die Berichte die unmit-

---

1 Klaus H. Börner (Hg.): Auf der Suche nach dem irdischen Paradies, Wörner Verlag Frankfurt a. Main 1984, S. 72f.

2 Ebd.

telbare Erfahrung und Zeugenschaft der Reisenden wiedergeben, tatsächlich stützen sie sich jedoch in erheblichem Umfang auf schriftliche Quellen, nämlich auf bereits vorhandene Reiseberichte. Der zweite Aspekt sind die Strategien, die die Autoren anwandten, um ihren Lesern die Authentizität ihrer Berichte glaubhaft zu machen, denn der Wahrheitsgehalt von Reiseberichten wurde häufig angezweifelt. Der dritte Aspekt sind die Wertungen und die Wertungs- und Deutungsmuster, die dem Verständnis der Neuen Welt zugrunde gelegt wurden. Der vierte Aspekt ist die weltanschauliche Funktion, die der Reisebericht erfüllte; diese reicht von der Rechtfertigung der Kolonisierung bis zur Zivilisationskritik an der europäischen Gesellschaft. Den Analysen liegen vorwiegend die Texte, mitunter jedoch auch die Illustrationen der jeweiligen Reiseberichte zugrunde, denn diese sind ebenfalls wichtige Zeugnisse der historischen Diskurse, die das Gefüge der Reiseberichte ausmachen. Die Studie gliedert sich in fünf Kapitel. Im zweiten Kapitel wird die Gattungspoetik des Reiseberichts dargestellt. Im Rahmen der Untersuchung der Gattungspoetik sind besonders die Werke von Peter J. Brenner, *Der Reisebericht – Die Entwicklung einer Gattung in der deutschen Literatur*, und Wolfgang Neuber, *Zur Gattungspoetik des Reiseberichts – Skizze einer historischen Grundlegung im Horizont von Rhetorik und Topik*, hervorzuheben. Besondere Beachtung findet in diesem Zusammenhang die Kontroverse zwischen Manfred Link und Wolfgang Neuber. Links umfassender Versuch, alle Erscheinungsformen von Reiseliteratur in ein poetologisches Gefüge einzubinden, wird von Neuber stark kritisiert. Das dritte Kapitel zeichnet den Wandel des Weltbildes nach, in dessen Zusammenhang der Reisebericht eine bedeutende Rolle spielt, und berücksichtigt dabei auch geographische Bilder der Welt, denn auch diese waren Abbild eines Weltverständnisses und der Fähigkeit, Fremdes wahrzunehmen und einzuordnen. Zudem wird mit der Entdeckung Amerikas ein Prozess in Gang gesetzt, der zu einer neuen Sichtweise des Fremden führt. Dieser Wandel ist abhängig von dem Weltbild und von der Wirklichkeitsauffassung, die sich in der Neuzeit herausbilden. In diesem Zusammenhang wird das alte dem neuen Weltbild gegenübergestellt. Im Rahmen dessen wird die Rolle der zeitgenössischen Illustrationen und anderer Medien kurz beleuchtet und ihr wertender Charakter anhand einiger Ausschnitte aus Flugblättern und „Zeytungen“ aufgezeigt. Dabei wird dargelegt, wie sie den Prozess der mentalen Aneignung des fremden Kontinents mit beeinflussten. Dabei wird im Laufe der gesamten vorliegenden Untersuchung auch der Medienmarkt immer wieder berücksichtigt. Da auch Reiseberichte Käufer brauchten, musste sich die Darstellung der Neuen Welt häufig die Erwartungen eines heimischen Publikums bedienen. Eine wertvolle Ressource zur Rolle der Illustrationen ist der Artikel von Rolf Brednich *Amerika in den frühneuzeitlichen Medien.*

„Neue Studien versuchen die komplexen Wechselwirkungen zwischen Tradition und Innovation in den Blick zu nehmen, die beide Handlungen, Wahrnehmungen und Erkenntnisse – wie Darstellungsmöglichkeiten der Entdecker Eroberer prägten.“[3] Die Schrift von Susanna Burghartz, *Alt, neu oder jung? Zur Neuheit der Neuen Welt*, sowie Peter J. Brenners *Der Reisebericht – Die Entwicklung einer Gattung in der deutschen Literatur* leisteten gerade zu diesem Aspekt einen wichtigen Beitrag. Das vierte Kapitel zeigt, wie die Eingeborenen der Neuen Welt in ausgewählten internationalen Reiseberichten und Chroniken wahrgenommen werden. Dabei spielt das Indiobild spanischer Chronisten wie Gonzalo Fernández de Oviedo und José de Acosta eine ebenso große Rolle wie die Sichtweise von Bathlomé de Las Casas, der unermüdlich für die Indios kämpfte und versuchte mit seinen Schriften und waghalsigen Unternehmungen gegen die negative Stereotypisierung der Indianer anzugehen. Obgleich Deutsche keine zentrale Rolle in der Geschichte der Entdeckung und Eroberung der Neuen Welt im 16. Jahrhundert spielten, sondern eher als Geldgeber agierten, fanden drei Berichte deutscher Überseereisender international Beachtung. Nikolaus Federmanns Bericht wird aufgrund seiner mangelnden ethnologischen Darstellung nur kurz besprochen. Erwähnenswert ist vor allem der Reisebericht von Hans Staden, der sich allein schon wegen seines ausführlichen Berichtes, den er über seine neunmonatige Gefangenschaft bei den Tupinamba verfasste, von den anderen Berichten unterscheidet und dabei besonders hervorsticht. Aufgrund seiner geschickt inszenierten Sensationskraft sicherte er sich schon zu Lebzeiten einen profitablen Markterfolg. Seine Illustrationen beeinflussten unmittelbar die europäische Sicht von den Ureinwohnern der Neuen Welt und finden im Rahmen eines Vergleichs in dieser Studie Beachtung. Die deutsche Sicht wird mit Schmidls *Reise in die la Plata Gegend* abgerundet. Sein Bericht ist aufgrund seiner ausführlichen Beschreibung mehrerer Indianerstämme aus ethnologischer Sicht für diese Untersuchung interessant. Eine französische Sichtweise wird in diesem Buch anhand von Jean de Léry dargestellt. Lérys Bericht nimmt eine gesonderte Stellung im Rahmen der hier diskutierten Reiseberichte und Chroniken ein, da er die kannibalischen Küstenbewohner der Neuen Welt als Folie für die Kritik an der französischen Gesellschaft verwendet. Bei Léry steht somit der europäisch-ideologische Kulturzentrismus gegen die Gesellschaftskritik. Aus diesem Grunde bildet er den Abschluss dieses internationalen Überblickes. Der Schluss

---

[3] Susanna Burghartz: Alt, neu oder jung? Zur Neuheit der „Neuen Welt“, in: Die Wahrnehmung des Neuen in Antike und Renaissance, hg. von Achatz von Müller und Jürgen von Ungern–Sternberg, Leipzig (Colloquia Augusta Raurica 8) 2004, S. 2.

dieser Untersuchung bildet das fünfte Kapitel mit einer Zusammenfassung der Analyseergebnisse, die auf den analysierten Quellen und der Forschungsliteratur basieren. Verschiedene Illustrationen aus Reiseberichten werden diskutiert oder zumindest zur Veranschaulichung in der vorliegenden Studie abgebildet

2 Der Reisebericht

2.1 Vorgeschichte

Während in den letzten Jahren in der umfangreichen literaturwissenschaftlichen und literaturgeschichtlichen Erforschung der Gattung des Reiseberichts meist eher die Form als der Inhalt im Zentrum der Aufmerksamkeit steht, ist für viele Historiker der Inhalt der Reiseberichte dessen entscheidender Aspekt. Sie verstehen die reisenden Autoren der Vergangenheit als unentbehrliche Stellvertreter:

> „als Beobachter von Verhältnissen und Ereignissen, die, ohne von anderen Zeitgenossen erkannt, bemerkt oder beachtet worden zu sein, erst der forschenden Nachwelt als besonders aufschlussreich gelten. Dies gilt vor allem für jene Verfasser von Reiseberichten über Orte, aus denen sonst keine schriftlichen Quellen überliefert sind."[4]

Eines der Ziele dieser Arbeit ist es, zwischen Inhalt und Form von Reiseberichten zu vermitteln. Dieses Kapitel beschäftigt sich zunächst mit dem Reisebericht als literarische Gattung.

> „In fast allen literarischen Traditionen sowie in den verschiedenen Gattungen und Textarten kann viel von den Reisen des Urhebens oder anderen die Rede sein, eine Gattung aber, die die Schilderung der Reiseerlebnisse des Verfassers selbst zum Hauptziel hat, bildete sich erst mit den Pilgergeschichten des ausgehenden europäischen Mittelalter und den Entdeckungsgeschichten der frühen Neuzeit in einer kenntlichen Form heraus, um dann bis zum Beginn des 19 Jahrhunderts eine Rolle zu spielen." [5]

Nur wenige Reisen führten zu Reiseberichten. Viele führten zu dem Reisebericht meist eng verwandten Textsorten. Harbsmeier untergliedert diese Nachbargattungen in vier Kategorien: Dem Reisebericht eng verwandte Textsorten können Tagebücher, Memoiren und Autobiographien sein. In diesen Werken kann zwar ausführlich von Reisen des Verfassers die Rede sein. Es wird aber auch anderes als nur das Reisen beschrieben. Briefe können durch das Reisen veranlasst und auf Reisen geschrieben sein, aber aufgrund ihrer Adressierung an einen bestimmten und dem Autor meist persönlich bekannten Leser, der Ansprache des Lesers als einen Adressaten, einen anderen Stellenwert haben. Topographische, historische, kosmographische, geographische Werke können zwar auch auf eigene Beobachtungen des Verfassers zurückgehen, sich aber von Reiseberichten darin unterschieden, dass die Reise oftmals nur am Rande zur Sprache kommt. Reiseführer und Reisebücher bemühen

4 Michael Harbsmeier (Hg.): Wilde Völkerkunde. Andere Welten in deutschen Reiseberichten der Frühen Neuzeit. Campus-Verlag Frankfurt a. M. 1994, S. 7f.
5 Ebd. S. 35.

sich nicht um die Beschreibung eigener Erfahrungen und Erlebnisse, sondern bieten Informationen für Reisende. Reisetheoretisches Schrifttum enthält nur Anweisungen zum Abfassen von Texten. Es sollte mit den Reiseberichten ebenso wenig verwechselt werden wie die vorgenannten Textsorten. Dennoch sind die oben genannten Unterscheidungen im Einzelfall oft kaum eindeutig zu treffen und Reiseberichte von ihren Nachbargattungen oft kaum zu unterscheiden.[6] Dem Versuch, das Problem der genauen Bestimmung der Gattung zu lösen, kann hier nicht nachgegangen werden. Es muss genügen, die Nachbargattungen zu erwähnen. Schon lange vor dem Mittelalter sind einige Texte geschrieben worden, die heute als Reisebericht aufgefasst werden können. Kriegsherren und Kundschafter, die von den Regenten in ferne Länder geschickt wurden, und Handelsreisende, die aus eigenem Interesse oder im Auftrag anderer profitable Handelswege auskundschafteten, äußerten sich zu ihren Reisen schriftlich. Diese Texte wurden häufig nicht von den Reisenden selbst geschrieben. Es waren Bürokraten, die ihre Aktivitäten schriftlich fixierten, oder von Historikern, die Eroberungen und Entdeckungen in der Ferne darstellten.

> „Viele der frühesten Reiseberichte entstanden so im Zuge einer Verschriftlichung außenpolitischer Amtstätigkeiten auf Bestellung und waren speziell für den jeweiligen Auftragsgeber formuliert. Diese Schriften wurden erst von der Nachwelt als Reisebericht rezipiert, nicht aber von Zeitgenossen als solche verstanden."[7]

Eine Ausnahme bildet der Reisebericht des Franziskanermönchs Odorico.

> „Ohne offiziellen Auftrag scheint der Odorico de Porderone im 14. Jahrhundert nach China gereist zu sein. Seine Erlebnisse ließ er von seinen Confrater Gugliemo de Solagna aufschreiben. Die Vielfalt der beobachteten und erfahrenen ‚gar manikch dingk vnd sach', die er selbst gesehen oder ‚von erbern lewttn' gehört haben will, stellt er unter den Titel *Mirabilia Descripta* erzählend dar. Dadurch kam tatsächlich ein Reisebericht zustande und Odorico scheint jene Ausnahme gewesen zu sein, der die negative Regel bestätigt."[8]

2.2 Die Funktion der Darstellung

Harbsmeier stellt klar fest, dass „die Redeweise, ein Reisebericht sage mehr über den Verfasser aus, als darüber, wovon zu berichten er vorgibt, erst gegen Ende des 18. Jahrhun-

[6] Harbsmeier: Wilde Völkerkunde, S. 26ff.
[7] Ebd. S. 35ff.
[8] Ebd. S. 39.

derts allgemeine Verbreitung fand. Damit änderten sich radikal die Rezeptionsbedingungen der Gattung und die Produktionsverhältnisse der schreibenden Reisenden."[9]
Fortan maßen die Reisenden und Leser der Frage der Glaubwürdigkeit so viel Bedeutung bei, dass die Frage nach der Funktion der Darstellung einer anderen und fremden Welt von ihnen oft auf die Wiedergabe von Realität eingeschränkt wurde. Die auch aus heutiger historischer Perspektive notwendige Frage nach der akkuraten Wiedergabe von Realität ist aus der Perspektive der mentalgeschichtlichen Analyse jedoch zweitrangig. Ihr geht es weniger um die Glaubwürdigkeit als vielmehr um die Funktionen, die der jeweiligen Darstellung anderer und fremder Welten unabhängig von ihrem Realitätsgehalt zugeschrieben werden können. Nach Harbsmeier kann die Funktion der Darstellung darin bestehen, Gefühlszuständen Ausdruck zu verleihen und damit überschüssige Energien abzuleiten und zu kanalisieren, ferner den Grenzen zwischen der eigenen und der anderen Welt Sinn abzugewinnen, indem die eigene Welt durch Abgrenzung von der jeweils anderen gerechtfertigt wird.[10]
„Als Vorbilder und Utopien dienen Darstellungen anderer Welten dem Zweck, Zusammengehörigkeit unter den an der Unmöglichkeit des eben nur anderswo Möglichen Leidenden herzustellen."[11] Die Reisenden werden dementsprechend als Helden aufgefasst, weil sie eine Vielzahl von Bedrohungen überlebt oder durch ihre Heimkehr beweisen, dass sie allen möglichen Versuchungen getrotzt haben.[12]
In der vorliegenden Arbeit soll die Darstellungsfunktion des Reiseberichts über die Wiedergabe von Realität hinaus berücksichtigt werden. Doch stellt sich dabei das methodologische Problem, dass gerade die Differenzierung zwischen realistischer Wiedergabe und anderen Gehalten der Darstellung schwierig ist und daher nicht immer festgestellt werden kann, ob ein Text eine Darstellungsfunktion im mentalitätsgeschichtlichen Sinne erfüllt. Aus diesem Grund wird auch in der vorliegenden Arbeit die Frage nach dem Realitätsgehalt der Reiseberichte zu stellen sein, jedoch nicht, um diese zu diskreditieren, sondern um ihren mentalitätsgeschichtlichen Gehalt zu identifizieren.

---

9 Harbsmeier: Wilde Völkerkunde, S. 29.
10 Ebd.
11 Ebd.
12 Ebd.

2.3 Die Gattungspoetik des Reiseberichts

Dieses Kapitel gibt einen kurzen Einblick in die Gattungspoetik des Reiseberichts. Vorab festzuhalten ist, dass „die vorherrschende ästhetische Selbstrepräsentanz des wahrnehmenden Individuums als Subjekt im Reisebericht durchwegs die Norm jener Untersuchungen markiert, die sich der Poetik des sogenannten literarischen Reiseberichts annehmen.“[13] Der umfassende Versuch, alle Erscheinungsformen von Reiseliteratur in ein poetologisches Gefüge einzubinden, stammt von Manfred Link. Er entwirft eine viergliedrige Typologie, die folgende Punkte umfasst: 1. Reisebücher und Reisehandbücher; 2. Wissenschaftliche Reiseschriften, Entdeckungsberichte und Forschungsberichte; 3. Reisetagebücher, Reiseberichte, Reisebeschreibungen, Reiseschilderungen sowie Reiseerzählungen; 4. Reisenovellen und Reiseromane. Dabei wird eine Wertung offenbar, welche dieser Typologie zugrunde liegt: „Zunehmende epische Integration ist zugleich Ausdruck einer zunehmenden Fiktionalisierung bei abnehmender außersprachlicher Realität.“[14] Diese Hierarchisierung in Links typologischem Gefüge spricht auch Neuber an: „Dieser transhistorischen Theoretisierung der Reiseliteratur liegt erneut die höchste Schätzung des zweckfreien, fiktionalen Texts zugrunde, der als dichterischer Ausdruck inneren Erlebens verstanden wird.“[15] Gerade deshalb ist dieser theoretische Entwurf Links zu kritisieren. „Denn Links Entwurf krankt an der Prämisse, die Darstellung äußerer Realität mit Zweckbindung, die Darstellung innerer Realität mit Fiktionalität gleichzusetzen.“[16] Dem liegt, wie Neuber zu Recht feststellt, „nicht allein ein naives Konzept einer Text-Ästhetik zugrunde, sondern ein ebensolches Verständnis von Wirklichkeit und ihrer Repräsentation durch Sprache“.[17] Deren Beziehung führt jedoch in der Tat zu dem problematischen Kern der Poetik des neuzeitlichen Reiseberichts. Fiktionalität ist kein Prinzip, das ausschließlich dem jeweiligen Text innewohnt. Denn einerseits lassen sich Entdeckungsberichte zur Sachinformation, zur Erbauung oder als Fiktion lesen, zum anderen kann auch fiktive Reiseliteratur als Tatsachenbericht verstanden werden.[18] So gesehen bedeutet Fiktionalität die jeweilige Abweichung, welche einer Gesellschaft an einem bestimmten geschichtlichen Ort als glaubhaft erscheint.

---

[13] Wolfgang Neuber: Zur Gattungspoetik des Reiseberichts – Skizze einer historischen Grundlegung im Horizont von Rhetorik und Topik, in: Der Reisebericht. Die Entwicklung einer Gattung in der deutschen Literatur hg. von Peter J. Brenner. Suhrkamp Verlag Frankfurt a. M. 1989, S. 50.

[14] Manfred Link (Hg.): Der Reisebericht als literarische Kunstform von Goethe bis Heine, Diss., Köln 1963, S. 56f.

[15] Neuber: Zur Gattungspoetik des Reiseberichts, S. 52.

[16] Ebd.

[17] Ebd.

[18] Ebd.

„Die Kriterien *fiktiv* versus *realitätskonform* werden damit als literaturwissenschaftliche analytische Kategorien der Poetik des Reiseberichts obsolet. An Stelle des Maßstabs einer unproblematischen Realitätsrepräsentation im Text tritt der Maßstab der argumentativen Beglaubigung des Berichteten im jeweiligen geschichtlichen Kontext. Dies bedeutet eine methodische Hinwendung zu einer historischen Topik, einer Argumentationstheorie des Reiseberichts. Gegenstand ist nicht mehr die Übereinstimmung des jeweiligen Texts mit der ‚Wirklichkeit', sondern sein selbstbestimmtes Verhältnis zu ihr und zugleich auch seine materielle, thematische Bandbreite. Die Gattungstheorie des Reiseberichts liegt somit im Zusammenspiel mehrere Bereiche: in der jeweiligen Auswahl seiner Gegenstände, der implizierten wie explizierten Rechtfertigung dieser Auswahl, der argumentierenden Glaubhaftmachung der Gegenstände, Beobachtungen und Erfahrungen sowie stilistischen Mittel, die zu dieser Glaubhaftmachung beansprucht werden."[19]

Der neuzeitliche Reisebericht lässt sich im Horizont einer Theorie der Geschichtsschreibung erfassen. Tommaso Garzoni zählt Columbus und Vespucci zu den Historikern der Neuen Welt. Bei den Texten beider Autoren handelt es sich um Reiseberichte, deren Wahrheitsgehalt unbestritten sein sollte. Ferner bezeichnet Garzoni das Diarium sowie die Annalen als zwei mögliche Formen der Historiographie.[20] Darin begründet sich die Zugehörigkeit der Reiseberichte zur Geschichtsschreibung auf formaler Ebene, da jene häufig in diaristischer Form auftreten. Die grundlegende Bestimmung des neuzeitlichen Reiseberichts erfolgt unter dem Anspruch seiner Lesung als empirisches Dokument, als *narratio vera*, als *Historia*.[21] Des Weiteren ermöglichte die Abkehr von der bibelexegetischen Annahme eines vierfachen Sinns der Schrift eine damit einhergehende Sachorientierung des Schrifttums sukzessive die Indienstnahme des Reiseberichts durch die kosmographische und geographische Wissenschaft.[22] So kann zum Beispiel die Realität als erneute Offenbarung definiert werden und die Reisenden schützen sich vor der Kritik durch die Gelehrten mit dem Hinweis darauf, dass ihr Bericht Zeugnis davon ablegt, dass Gott sich noch aktiv in der Welt manifestiert. Hinzu tritt die neue Informationsfunktion des Reiseberichts für die den Land- und Seehandel. Aus allen diesen Gründen ist der neuzeitliche Reisebericht als Fachprosa zu betrachten.[23] Gerade weil der Reisebericht als *narratio vera* gilt, beinhaltet er die Möglichkeit zur Lüge und es wird ihm eine Affinität zur Lüge nachgesagt. „Der Reisende als Lügner und der Reisebericht als eine Gattung, deren Wahrheitsgehalt wenig Vertrauen verdient, gehören zu den Topoi, welche Äußerungen über Reiseliteratur seit ihren antiken Anfängen aufwei-

---

19 Neuber: Zur Gattungspoetik des Reiseberichts, S. 52.
20 Tommaso Garzoni, La piazza universale di tutte le professioni del mondo, 38. Kap., Olschki Firenze, 1996, vgl. Wolfgang Neuber: Zur Gatttungspoetik des Reiseberichts, S. 53.
21 Neuber: Zur Gattungspoetik des Reiseberichts, S. 55.
22 Ebd. S. 56.
23 Ebd.

sen."[24] Es stellt sich nun die Frage, welche Ursachen dazu führten, dass der Reisebericht oft als Lügengeschichte angesehen wurde. Brenner vertritt die Auffassung, dass die Affinität zur Lüge, welche dem Reisebericht oft nachgesagt wird, der Renommiertheit der Autoren, kommerziellen Bedürfnissen und den Interessen des Publikums entspringt. Ferner kann der Inhalt von Reiseberichten tatsächlich verfälscht sein: Er kann auf bloßer Erfindung beruhen oder auf einer verfälschenden Rezeption und Wiedergabe authentischer Berichte anderer. Des Weiteren kann eine verstellende Wiedergabe der Realität aber auch darauf zurückzuführen sein, dass der Reisende den Erfahrungen, denen er sich ausgesetzt hat, nicht gewachsen war. Gerade dadurch wird die Nähe des Reiseberichts zur Fiktion laut Brenner zum Indikator eines erkenntnistheoretischen Problems, nämlich dass auch die Wahrnehmung des radikal Neuen nur auf bereits bekannte Mittel und Muster zurückgreifen kann.[25] Welche Strategien wandten nun die Autoren der Reiseberichte an, um den Wahrheitsgehalt ihrer Aussagen zu verbürgen? Neuber erwähnt diesbezüglich vier frühneuzeitliche Strategien, Unglaubliches als real zu verbürgen, die alle die Poetik des Reiseberichts in spezifischer Weise berührten, indem sie die erkenntnistheoretische Selbstdefinition des Textes darstellen:[26]

„Das erste Verfahren ist das der Quellenkritik, d.h. des Vergleichs von empirischen Resultaten früherer Berichte über denselben Gegenstand. Das zweite Verfahren beruht auf der explizit gemachten Affektlosigkeit des Berichts, der sich gezielt dem *ordo naturalis* und dem *genus humile* anheimstellt. Der Darstellungsmodus des Autors erscheint dabei mitunter als Gegenstand theoretischer Erwägungen."[27]

Das dritte Verfahren bezieht sich laut Neuber „auf jene Situationen, in denen das Material des Reiseberichts den Horizont der empirischen Realitätswahrnehmung der Leserschaft überschreitet. Hier werden Beglaubigungsbemühungen kenntlich, die als topische bzw. argumentative Strategien den äußeren Wirklichkeitsgehalt des Berichts vermitteln sollen, indem sie ihn auf die jeweiligen *endoxa* des Publikums beziehen."[28]

„Das letzte Verfahren liegt in der Bemühung des Verfassers, seine Heimkehr von der gefahrvollen Reise als Zeichen eines gnädigen göttlichen Schutzes darzustellen, was den Text somit als individuelles Zeugnis der Gnade Gottes ausweist. Dies gilt besonders für den

---

24 Peter J. Brenner: Die Erfahrung der Fremde. Zur Entwicklung einer Wahrnehmungsform in der Geschichte des Reiseberichts, in: Der Reisebericht. Die Entwicklung einer Gattung in der deutschen Literatur, hg. von Peter J. Brenner, Suhrkamp Verlag Frankfurt a. M. 1989, S. 14f.

25 Brenner: Die Erfahrung der Fremde, S. 14f.

26 Neuber: Zur Gattung des Reiseberichts, S. 57.

27 Ebd.

28 Ebd.

protestantischen volkssprachlichen Reisebericht des 16. und des 17. Jahrhunderts."[29] Im weiteren Verlauf dieser Arbeit wird anhand der besprochenen Reiseberichte zu diesen Verfahren Stellung genommen.

29 Neuber: Zur Gattung des Reiseberichts, S. 57.

3 Das alte und das neue Weltbild

3.1 Der Wandel

„Denn neue Entdeckungen muß man vom Licht der Natur und nicht aber von der Finsterniß der alten Zeit erwarten."[30] Diese Aussage von Francis Bacon stammt aus dem *Novum Organum* von 1629, in dem er seine programmatischen Überlegungen zur Begründung der neuzeitlichen Naturwissenschaft darstellte, nach welchen die Wissenschaft als Entdeckungsprozess mit den Entdeckungsreisen gleichzusetzen sei.[31] „Für Bacon ist damit eine Denkbewegung impliziert, die tradierte Wahrnehmungs-, Argumentations- und Darstellungsmuster aufgibt und in einen Akt fortgesetzter Erstbewegungen auf immer neue *terrae incognitae* trifft. Die Entdeckung der Neuen Welt wird so zum Musterfall für die Herausforderung durch das Fremde und Unbekannte."[32] Der allmähliche Prozess, in dem sich okzidentale Wahrnehmungsformen herausbilden, welche eine solche Fremdwahrnehmung erst ermöglichen, ist in weiträumige realgeschichtliche und ideengeschichtliche Entwicklungen eingebettet. In seinem Verlauf wandelte sich die Gestalt des Fremden in Abhängigkeit von dem Weltbild und von der Wirklichkeitsauffassung, die sich in der Neuzeit herauskristallisierten. Die Richtung dieses Prozesses lässt sich, wie Brenner es ausdrückt, „als eine Entwicklung betrachten, in der sich Kategorien der Wirklichkeitsauffassung von solchen der dualistischen Dichotomisierung des Weltbildes zu solchen der Homogenisierung der Wirklichkeit wandeln."[33] Im alten Weltbild wurde das nachantike okzidentale Verhältnis zum Fremden bis zum Mittelalter unter religiösen Vorzeichen dichotomisiert. „Die *christanitas* wird zur Kategorie, die eine dualistische Ordnung des Weltbildes auf der religiösen, politischen, kulturellen und regionalen Ebene nach dem Schema einer starren Unterscheidung von „Gut und Böse" erlaubt."[34] Nach diesem Schema dachten, urteilten und lebten die damaligen Europäer. Obgleich die europäische Expansion im 15. und 16. Jahrhundert zu vielfältigen Kontakten zwischen den europäischen Völkern und Kulturen der Neuen und Alten Welt führte, waren sie in ihrem eurozentrischen Weltbild gefangen. Zwei Sichtweisen waren in der frühen Neuzeit vorherrschend:

---

30 Zit. nach Wolfgang Krohn (Hg.): Francis Bacon: Novum Organum, Aphorismus 122, Beck Verlag München 1987, S. 254.

31 Susanna Burghartz: Alt, neu oder jung? Zur Neuheit der „Neuen Welt" in: Die Wahrnehmung des Neuen in Antike und Renaissance, hg. von Achatz von Müller und Jürgen von Ungern–Sternberg, Leipzig (Colloquia Augusta Raurica 8) 2004. S. 1f.

32 Ebd.

33 Brenner: Die Erfahrung der Fremde, S. 19.

34 Ebd.

„Die westlich orientierte Sichtweise griff die seit der Antike mit dem Westen verbundenen geographischen Mythen von Atlantis, dem irdischen Paradies oder des Goldenen Zeitalters auf. Die Illustrationen dieser Richtung bedienten sich zudem des in der mittelalterlichen Volkskunst-Literatur wurzelnden Motivfundus vom Wilden Mann und hielten sich damit durchaus an die Beschreibung der ersten Reisenden, die ihrerseits in die Konzeption des ‚Wilden Mannes' Orientierung fanden, wenn die die autochthonen Völker Amerikas als ‚nacket leut' oder Wilde begrifflich zu machen."[35]

Diese Sichtweise findet man beispielsweise in dem Bericht von Francesco de Orrellana. „Die östliche Sichtweise orientiert sich an Marco Polo, der mit seinen Berichten die seit der Antike vermutete Existenz monsterhafter Erdrandsiedler auf den Inseln des Ostens scheinbar zu bestätigen schien."[36] Die Geschichten von Walter Raleigh zeugen von dieser Sichtweise. Zahlreiche Berichte von Augenzeugen liegen vor, die antike und mittelalterliche Vorstellungen bestätigten, zum Teil auch mit ihnen konkurrierten. Auch in diesem letzteren Fall schildern sie keine historische Objektivität, da sie von einem europäisch-christlichen Weltbild zeugen. Diese beinhaltete eine religiös fundierte Überhöhung der eigenen Kultur, die als Maßstab an das Fremde gelegt wurde.[37] Das frühe Amerikabild war stark in dem alten Weltbild verwurzelt, das mit der Vorstellung von der kulturellen und religiösen Superiorität der Europäer und auf ihrem Recht zur Zivilisierung der Ureinwohner Amerikas einherging, die, gemessen an europäischen Normen und Werten, als inferior erschienen.[38] Diese Sichtweise füllte weitere Schilderungen und Wertungen der neu entdeckten Kultur mit Vorurteilen und Klischees. „In der Frühen Neuzeit entstanden jedoch Auffassungsformen, in denen diese Dichotomisierung aufgehoben wurde. Damit setzt sich ein Wandel in der okzidentalen Auffassung des Anderen und des realen Umgangs mit ihm durch, dessen Möglichkeitsbedingungen tief im Prozess der Formierung der Neuzeit verankert sind."[39] Dieser Wandel wird in einigen zeitgenössischen literarischen Werken deutlich. In Montaignes Werk *Le Brésil de Montaigne* finden sich Andeutungen einer literarischen Verarbeitung der neuen Erfahrungen.[40] So fordert der Protagonist einen produktiven Umgang mit anderen Kulturen. Wie die Entdeckung Amerikas die geographischen Darstellungen der Welt

---

35 Werner Wolf: „Das sind die neu gefundenen menschen und völcker", Europäische Indianerbilder des 16. bis 19. Jahrhunderts zwischen Entwurf und Projektion, in: Mundus Novus. Amerika oder die Entdeckung des Bekannten. Das Bild der Neuen Welt im Spiegel der Druckmedien vom 16. bis zum frühen 20. Jahrhundert, hg. von Peter Mesenhöller, Klartext Verlag Essen 1992, S. 36.

36 Ebd.

37 Hans, J. König: Neue Welt in alten Bildern, in: Die Neue Welt in alten Büchern. Entdeckungen und Eroberung in frühen deutschen Schrift – Bilderzeugnissen, hg. v. Ulrich Knefelkamp/Hans Joachim König, Ausstellung der Staatsbibliothek, Bamberg 1988, S. 11f.

38 Hans, J. König: Das Lateinamerikabild in der deutschen Historiographie, in: Von Kolumbus bis Castro. Aufsätze zur Geschichte Lateinamerika, hg. von Michael Riekenberg/Stefan Rinke/Peer Schmidt, Hans-Dieter Heinz Verlag, Stuttgart 2006, S. 340.

39 Brenner: Die Erfahrung der Fremde, S. 19.

40 Michel Eyquem de Montaigne: Le Brésil de Montaigne, le Nouveau Monde des Essais (1580 - 1592), hg. von Frank Lestringant, Chandeigne Paris 2005.

änderte, so änderte sie auch das Weltbild, das den Verstehensmöglichkeiten zugrunde lag. Schließlich bildeten spätmittelalterliche Darstellungen der Welt religiös verankerte und moralische Unterscheidungen im geographischen Raum ab und besiedelten die Ränder der bekannten Welt mit fabelhaften und oft schrecklichen Wesen. Die Forschung ist sich darüber einig, dass die *Schedelsche Weltchronik* das Weltbild vor den Entdeckungen maßgeblich prägte. Sie lässt sich in die Reihe der mittelalterlichen Chroniken einordnen und ist traditionell aufgebaut. Ein herausragendes Faktum dieser traditionellen Auffassung ist die Ptolemaios-Karte. Man glaubte, dass Afrika nicht umschiffbar und der Indische Ozean ein Binnenmeer sei. Diese Chronik wurde mithilfe des Buchdrucks weit verbreitet.[41] Dieses Weltbild wird von dem „Erdapfel" von Martin Behaim bestätigt, dessen Anfertigung Papst Sixtus IV. im Jahre 1475 in Auftrag gab. In den Jahren 1491 bis 1493 fertigte der Kartograf und Astronom Martin Behaim diesen Globus an, der bis heute als die älteste erhaltene Darstellung der Erde in Kugelform gilt und als „Behaimscher Erdapfel" bekannt ist. Die Veröffentlichung des Globus fällt mit der Entdeckung Amerikas durch Christoph Kolumbus zusammen, von der Behaim keine Kenntnis hatte. Daher ist auf diesem Globus Amerika nicht abgebildet. Ferner enthält er die Annahme, dass Eurasien, die bewohnte Welt, sich 234 Längengrade von West nach Ost erstrecke, wogegen es in Wirklichkeit nur 131 sind. Dieser Fehler ließ Kolumbus bis zu seinem Tode vermuten, er habe nicht einen neuen Kontinent, sondern den Seeweg nach Ostasien entdeckt.[42] Die unentdeckten Gebiete belebt Behaim auf seinem „Erdapfel" mit verschiedenen Fabelgestalten aus Märchen und Legenden der Antike und des Mittelalters. Doch nicht nur die unbekannten Gebiete werden fehlerhaft dargestellt, auch viele bereits bekannte Gebiete in Europa gibt Behaim falsch wieder. Ein Vergleich lässt darauf schließen, dass Behaim die Ptolemaios-Karte bekannt war. Behaims Globus bleibt unter allen kartografischen Darstellungen der Erde das älteste erhalten gebliebene Abbild in Kugelform und zugleich das letzte Erdabbild vor der Entdeckung Amerikas.[43] Die Abbildungen auf dem „Behaimischen Erdapfels" sowie die Ptolemaios-Karte spiegeln das Weltbild der damaligen Gelehrten und Kartenzeichner wieder. Insbesondere die fabelhaften Kuriositäten und monströsen Völker, die die Neue Welt bevölkern sollten, finden sich in den Reiseberichten der Frühen Neuzeit wieder. Diese antiken und mittelalterlichen mythischen Vorstellungen, die in den Werken von Plinius, Strabo, Isidor von Sevilla oder bei Sir

[41] Ulrich Knefelkamp: Wie man sich über die Neue Welt informierte, in: Die Neue Welt in alten Büchern. Entdeckungen und Eroberung in frühen deutschen Schrift–Bildzeugnissen, hg. von Ulrich Knefelkamp/Hans Joachim König, Ausstellung der Staatsbibliothek, Bamberg 1988, S. 14.

[42] Beatrix von Kalben/Tobias Aufmkolk: Martin Behaim. Kartograph und Astronom auf: http://www.planet-wissen.de/natur_technik/ordnungssysteme/kartografie/martin_behaim.jsp (eingesehen am 2.6. 2011).

[43] Ebd.

John de Mandeville zu finden sind, hatten einen nach wie vor festen Platz in der Vorstellungswelt der Zeitgenossen. Selbst die Fahrten des heiligen Brendan wurden als Realität angesehen und animierten sogar Kolumbus zu seiner Fahrt. Die paradiesische Beschreibung, die Kolumbus von den neu entdeckten Inseln in seinen Bordbüchern wiedergibt, verstärkte die Vorstellung der Zeitgenossen zunehmend und veranlasste viele, zu den Glückinseln des St. Brendan, dem irdischen Paradies, aufzubrechen, das man in den westindischen Inseln glaubte entdeckt zu haben.[44] Die fantastischen Reiseberichte beflügelten die Phantasie der Zeitgenossen. Vor allem die Geschichten von Francesco de Orrellana stellten ihnen Glück, Reichtum und Ruhm in Aussicht. Jener gab an, auf der Suche nach El Dorado auf die Amazonen getroffen zu sein. Die Bestätigung der alten Legende vom weiblichen Kriegervolk genügte, um viele Menschen zur Reise in die Neue Welt zu bewegen. Sie waren als Mythos den damaligen Zeitgenossen bekannt und fanden immer wieder Eingang in die frühneuzeitlichen Reiseberichte.

Abbildung 1: Die Amazonen im Kampf mit einem griechischen Krieger[45]

[44] Hans, J. König: Amerika. Mythisches, Irrtümliches und Merkwürdiges im Kartenbild, in: Die Neue Welt in alten Büchern. Entdeckungen und Eroberung in frühen Schrift–Bildzeugnissen, hg. von Ulrich Knefelkamp/Hans Joachim König, Ausstellung der Staatsbibliothek, Bamberg 1988, S. 48.

[45] www.myrine.at/Amazons/main.jpg (eingesehen am 10.6.2011).

Dies war eine der vielen Geschichten, in denen der Rückgriff auf antike Mythen den Wahrheitsgehalt des Textes verbürgen sollte und dabei das europäische Publikum in seinem Aberglauben bestärkte. Es mag viele gegeben haben, die an diese fantastischen Geschichten glaubten, andere nutzten den Aberglauben für ihre Zwecke. So auch Sir Walter Raleigh. Im Jahre 1596 brach dieser berühmte englische Seefahrer in das heutige Guyana auf, um El Dorado, das legendäre Goldland Südamerikas, für die englische Krone zu finden. Mit dem Schatz hoffte er sein Leben zu retten, da er wegen eines Komplotts gegen Jakob I. des Hochverrats angeklagt war. Raleigh fand nie die Stadt aus Gold. Er gab jedoch an, von dem Volk der Ewaipanomas gehört zu haben. Die Indianer hätten ihm erzählt, dass die Angehörigen dieses Volkes keine Köpfe hätten und sich ihre Augen in ihren Schultern befänden. Die Haare wüchsen ihnen aus den Schulterblättern heraus und sie sprächen mit ihrer Brust, in deren Mitte der Mund platziert sei.[46] Wahrscheinlich versuchte Walter Raleigh mit dieser Geschichte die abergläubische englische Krone zu beruhigen und seinen eigenen Kopf zu retten. Fantastische Geschichten wie die über Kopflose lagen nicht außerhalb denkbarer Grenzen: Im Volksglauben, so zeigt der Artikel „kopflos" in Bächtold-Stäublis *Handwörterbuch des deutschen Aberglaubens*, waren kopflose Gestalten und Geister keine Seltenheit.[47] „Kein Reisender hat immer und überall die Wahrheit gesagt", merkt Wolfgang Griep in seinem Aufsatz *Lügen haben lange Beine* an und stellt fest: „Die imaginären Orte mit ihren phantastischen Bewohnern liegen immer dicht hinter der Grenze des Bekannten und Erforschten."[48] Diese Grenze war für die englische Krone jedoch nicht ersichtlich. Raleigh konnte mit seiner Geschichte über Kopflose nach seiner fehlgeschlagenen Expedition seinen eigenen Kopf nicht retten. Dennoch sorgten Geschichten wie die von ihm erzählte dafür, dass Tausende dazu animiert wurden, in der Neuen Welt nach Glück, Schätzen und Macht zu suchen.

---

[46] Hans Bächthold-Stäubli: Handwörterbuch des deutschen Aberglaubens, Berlin/Augsburg 2000, S.1927ff.
[47] Ebd.
[48] Griep, Wolfgang: Lügen haben lange Beine, in: Reisekultur - Von der Pilgerfahrt zum modernen Tourismus, hg. von Hermann Bausinger, München 1991, S. 133.

Abbildung 2: Philoponus: St. Brendans sagenhafte Meerfahrt[49]

Mit diesen fantastischen Geschichten wurde gerade die amerikanische Bevölkerung zum „Protagonisten alter europäischer Mythen“.[50]

„Die reale Entdeckungsgeschichte hat an der Veränderung des westlichen Weltbildes mitgewirkt und die Rezeption von Berichten über Entdeckungsreisen war ein wichtiger Impuls für die Neubestimmung des eigenkulturellen Selbstverständnisses wie für die Wahrnehmung des Fremden.“[51] Diese Wahrnehmung wurde in zweifacher Weise modelliert. Einerseits konnte das Gesehene oder Gelesene Befremden auslösen, da es jenseits der Kultur und Zivilisation, die man kannte und in der man lebte, verortet war. Solche Zuschreibungsprozesse lassen sich an den Bildern und Geschichten über die kannibalischen Bewohner der Neuen Welt festmachen, da gerade der nackte Wilde das Identifikationsmerkmal für die fehlende Zivilisation darstellte. Diese Form der Fixierung signalisierte vor allem Abwehr. Andererseits konnte das Fremde Neugier und eine gewisse Offenheit gegenüber dem Unbekannten auslösen.[52]

Doch auch Veränderungen im sozialen Gefüge der europäischen Kultur veränderten die Wahrnehmung des Fremden. Mit dem Zusammenbruch der mittelalterlichen Ordnung und den daraus resultierenden sozialen und religiösen Konflikten erfuhr auch der „Wilde Mann“ eine neue Bedeutung. Das Bild wandelte sich von hundeköpfigen oder kopflosen Monstern zu friedlichen, sanften, umgänglichen, aber zivilisationsfreien Menschen. Dieses Bild prägt

[49] König: Amerika. Mythisches, Irrtümliches und Merkwürdiges im Kartenbild, S. 42.
[50] Ebd. S. 50.
[51] Brenner: Die Erfahrung in der Fremde, S. 20.
[52] Burghartz: Alt, neu oder jung?, S. 4.

über weite Strecken das Bordbuch von Kolumbus. „Daher gilt er als der eigentliche Schöpfer der Legende vom guten Wilden, der im Zustand der Sorglosigkeit, der Tugendhaftigkeit, der Unschuld und des Friedens lebt und dessen Lebensumstände in der tropisch üppigen Vegetation der Karibik dem Europäer unwillkürlich Paradiesvorstellungen evozieren mussten.“[53] So schrieb er in sein Bordbuch folgende Zeilen:

> „Da sie uns gegenüber freundlich gesonnen waren und weil ich erkannte, dass es Leute waren, die sich eher durch Sanftmut und Überzeugung als durch Gewalt zu unserem heiligen Glauben bekehren lassen würden, gab ich einigen von ihnen bunte Mützen und Glasperlen, die sie sich um den Hals hängten und viele andere wertlose Dinge, die ihnen großes Vergnügen bereiteten und wodurch wir ihre Freundschaft derart schnell gewannen, dass es ein wahres Wunder war. Sie kamen an unsere Schiffe geschwommen, brachten Papageien, Garnknäuel, hölzerne Lanzen und viele andere Dinge, die sie gegen das tauschten, was wir ihnen gaben, wie kleine Glasperlen und Schellen. Kurz und gut, sie nahmen alles und gaben freizügig von dem, was sie hatten....Sie gehen alle nackt herum, wie sie ihre Mutter geboren hat, auch die Frauen, obwohl ich nur eine gesehen habe – und die war noch sehr jung. Sie waren gut gewachsen, hatten schöne Körper und angenehme Gesichtszüge...Sie haben die gleiche Hautfarbe wie die Kanadier, weder schwarz noch weiß....Sie tragen keine Waffen, sie kennen sie auch nicht, denn ich zeigte ihnen Schwerter, die sie an der Scheide fassten, und sie schnitten sich aus Unwissenheit. Sie haben überhaupt kein Eisen....Sicherlich sind sie gute Dienstboten und auch sehr anstellig, denn ich sehe, dass sie sehr schnell das ansprechen können, was man ihnen sagt. Ich glaube auch, dass man sie ohne Schwierigkeiten zu Christen machen kann, denn sie scheinen keinen Götzendienst zu praktizieren.“[54]

Kolumbus war überzeugt davon, mit den westlichen Inseln das irdische Paradies gefunden zu haben, in dem der edle Wilde lebt.[55] Er entwirft ein Bild von paradiesischer Idylle von Landschaft und Bewohnern und erklärt:

> „[Es] war nicht meine Absicht, alles genau zu erforschen, denn dazu würden nicht einmal fünfzig Jahre ausreichen, sondern so viel wie möglich neue Länder zu entdecken [...], wo Gold und Gewürze reichlich vorhanden sind und mich dort so lange aufhalten werde, als ich so viel als nur irgend möglich davon verladen werde.“[56]

Ferner heißt es weiter:

> „Ich war sehr aufmerksam und tat alles, um zu erfahren, ob sie Gold haben. Ich bemerkte, dass einige ein kleines Stückchen Gold in einem Loch tragen, dass sie sich in die Nase machen, und es gelang mir, durch Zeichen zu erfahren, dass ich, wenn ich ihre Insel umschiffe und mich nach Süden wenden würde, einen König finden werde, der große goldene Gefäße und viel Gold besitze. Ich versuchte, sie dazu

---

53 Rolf Wilhelm Brednich: Amerika in den frühneuzeitlichen Medien: Flugblatt und Newe Zeitung, in: Mundus novus. Amerika oder die Entdeckung der Bilder, hg. von Peter Mesenhöller, Klartext Verlag Essen 1992, S. 20.

54 Zit. nach: Hans, J. König: Die Entdeckung und Eroberung Amerikas, hg. von Hans Joachim König, Ploetz, Freiburg 1992, S. 30.

55 Brednich: Amerika in den frühneuzeitlichen Medien, S. 25.

56 Eberhard Schmitt (Hg.): Die Anfänge der europäischen Expansion, Schulz-Kirchner Verlag Idstein 1991, S. 34.

zu bringen, mich dahin zu führen, begriff aber bald, dass sie nicht wollten...aber um keine Zeit zu verlieren, will ich versuchen, auf der Insel Zipangu landen zu können."[57]

Die Aussage von Kolumbus zeigt, dass die Ausrichtung auf das unmittelbare Handeln und die Herstellung von Dominanz es ermöglichte, das Fremde am Fremden wahrzunehmen, ohne es zu dämonisieren oder zu verklären. So war in seinem Bordbuch keine kontinuierliche Abwehrhaltung gegenüber dem Fremden festzustellen. Seiner Meinung nach waren die Indios friedliche und vernunftbegabte Menschen, die nicht nach Gold oder Eigentum gierten und sich durch keine negative religiöse Ausübung hervortaten:

„Sie haben keine Waffen, gehen alle nackt, haben keinen Sinn für Waffen und sind so furchtsam, dass Tausende von ihnen es nicht mit drei Spaniern aufnehmen können. Also kann man ihnen gut Befehle erteilen, und sie arbeiten, säen und alles sonst Notwendige verrichten lassen, dass sie Dörfer anlegen und unterwiesen werden, Kleider zu tragen und unsere Sitten anzunehmen."[58]

Seine Wahrnehmung war somit von Faszination, aber auch von Utilitarismus geprägt. „Als Leitbild dient ihm dabei die Vorstellung vom „Wilden Mann" der mittelalterlichen Volksüberlieferung, die als domestizierte Form des Wilden und der Wildnis im Volksbrauch und in der Ikonographie jedermann vor Augen stand."[59] Das Motiv der „Wilden Leut" steht in der Tradition christlich–mittelalterlicher Kultur und findet sich vielfach in zeitgenössischen Legenden und Darstellungen.[60] Der „Wilde Mann" galt als Verkörperung aller Untugenden und stellte damit das Gegenstück der höfischen mittelalterlichen Gesellschaft dar.[61] Seine Wahrnehmung konnte aber durchaus auch im Rückgriff auf die Stereotype und Mirabilia der Tradition ein Maß an Offenheit gegenüber dem Neuen und dessen Konsequenz für die bisherige Wissensordnung ermöglichen.[62] Die positive Einschätzung Kolumbus wandelte sich allmählich, als die gewünschte Menge an Gold ausblieb und er dem spanischen König als Entschädigung für die entstehenden Kosten den Handel mit Sklaven vorschlug. Es kam vonseiten der Ureinwohner zu Übergriffen, da sie sich gegen diese Versklavung wehrten. Die Aufstände wurden jedoch bald niedergeschlagen. Die Zwangsarbeit wurde eingeführt, die später als *Repartimiento* eine weitere Ausformung erfuhr und den Tod Tausender Indios

---

57 Zit. nach: König: Die Entdeckung und Eroberung Amerikas, S. 31.

58 Ebd. S. 33.

59 Brednich: Amerika in den frühneuzeitlichen Medien, S. 20.

60 Lise Lotte Möller: Die wilden Leute in der deutschen Graphik des ausgehenden Mittelalters, in: Philobiblon 8 (1964), S. 260–272.

61 Werner Wolf: „Das sind die neu gefundenen menschen oder völcker". Europäische Indianerbilder des 16–19 Jahrhunderts zwischen Entwurf und Projektion, Mundus Novus: Amerika oder die Entdeckung des Bekannten. Das Bild der Neuen Welt im Spiegel der Druckmedien vom 16. bis zum 20. Jahrhundert, hg. von Peter Mesenhöller, Klartext Verlag Essen 1992, S. 35.

62 Burghartz: Alt, neu oder jung?, S. 5.

verursachte.[63] Die Veränderung in der Wahrnehmung des Fremden ins dezidiert Negative zeigt vor allem der Bericht Amerigo Vespuccis. Der Vespucci–Brief fand in Europa reißenden Absatz und eine stärkere Resonanz als die Berichte des Kolumbus. Vespucci setzte seinen Schwerpunkt auf Nacktheit, sexuelle Promiskuität und den verabscheuungswürdigen Kannibalismus, den er detailliert schilderte und mit Holzillustrationen ausschmückte. Damit gewann er die Aufmerksamkeit des an Sensationen interessierten Publikums. Vespucci öffnete sich einer an kulturtypischen Merkmalen interessierten Beobachtungsperspektive und stellt die Eindrücke über die entdeckten Menschen in den Mittelpunkt seiner Reiseaufzeichnung. Gebündelt in einer umfangreichen Textpassage und in Holzschnitten, die die ganze Szene untermalen, entwirft er ein detailliert und lebendig geschildertes Kulturporträt der indigenen Bevölkerung. So versetzt er sein Publikum in die Lage, sich die fremden Menschen vorstellen zu können und es gelingt ihm die Integration des Fremden in die Vorstellungswelt der europäischen Rezipientenschaft.[64] Das kommt vor allem in Vespuccis *Diß büchlin saget wie die zwen durclüchtigsten herren her Fernandus K. zü Castilien vnd herr Emanuel. K. zü Portugal haben das weyte mör ersüchet vnnd funden vil Insulen, vnnd ein Nüwe welt von wilden nackenden Leüten, vormals vnbekant* zum Ausdruck, das in Straßburg 1504 veröffentlicht worden ist. Auf drei Holzschnitten in diesem Werk wird der Ureinwohner als böse und hinterlistige Bestie illustriert, als Personifikation des Bösen. Sie stellen einen Prozess dar, der von der Ankunft des Europäers bis zu seiner Schlachtung reicht.

[63] König: Die Entdeckung und Eroberung Amerikas, S. 54.
[64] Schmitt: Dokumente, Bd. 2, S. 174–180, hier, S. 177-180.

Abbildung 3: Vespucci entdeckt die Bewohner der Neuen Welt. Holzschnitt in der deutschen Fassung der Quator navigationes (*Diß büchlin saget*), Straßburg 1509[65]

Der erste Holzschnitt zeigt den Augenblick der Ankunft. Im oberen Abschnitt befinden sich die Ureinwohner, die zwischen Felsen und Palmen hervorschauen und ängstlich die Fremden beobachten. Die Indianer sind alle nackt, mit langen Haaren und ungepflegter Erscheinung; sie treten in sofort sichtbaren Gegensatz zu den drei europäischen Edelmännern, die pompös gekleidet sind. Ein Europäer ist den Ureinwohnern wohl gesonnen und geht mit christlichen Gaben auf sie zu, um mit ihnen friedlich in Kontakt zu treten. Die anderen verweilen abseits und diskutieren, ob eine Annäherung an die Wilden vernünftig sei. Der nächste Holzschnitt zeigt, dass ihr Misstrauen gerechtfertigt war.

65 Wolf: „Das sind die neu gefundenen menschen oder völcker", S. 39.

Abbildung 4: Eine Indianerin erschlägt einen Seemann. Holzschnitt in *Diß büchlin saget*, 1504[66]

Während die beiden anderen Edelmänner abwesend sind, wird der Seemann, der offen und mit Gaben auf die Eingeborenen zugegangen war, von drei jungen hübschen Indianerinnen umgarnt und ganz in ihren Bann gezogen, während eine ältere, hässliche Indianerin ihm von hinten die Keule auf den Kopf schlägt. Dieses ganze Geschehen beobachten die Wilden hinter den Felsen und Palmen mit wohlwollender Miene.

Abbildung 5: Indianische Sitten und Bräuche. Holzschnitt aus *Diß büchlin saget*, 1504[67]

[66] Ebd., S. 40.

[67] Wolf: „Das sind die neu gefundenen menschen oder völcker", S. 40.

Im dritten Holzschnitt wird die Schlachtung und Zubereitung des Seemanns illustriert, während die wilden Indianerinnen ihre Babys säugen und gelangweilt auf ihre Mahlzeit warten. Damit zeigt diese Serie die scheinbar wahre moralische Verfassung der Indianer und unterstreicht gekonnt den Inhalt des Textes. „Unter dem Einfluss von Vespuccis Schilderung entstand in der Folgezeit ein negatives Bild, das als Stereotyp schlechthin für den Einwohner Amerikas galt.“[68]

Diese neue Wahrnehmung wird vor allem im Kontext der Konquista ideologisch genutzt. „Die Qualifizierung der autochthonen Völker als Gesellschaften ohne erkennbare Regierungsform und Religion liefert die Legitimation, diese Gebiete für die spanische Krone in Besitz zu nehmen.“[69] So ist es folgerichtig, dass dieses Bild von den spanischen Chroniken von Mártyr de Anghiera und José de Acosta bestätigt wurde. Anghiera versuchte als Erster das Wissen über den neu entdeckten Kontinent zu systematisieren. Bilder und Beispiele aus der antiken Geographie und Mythologie dienten ihm als Vergleichsmaterial, das er nutzte, um das Fremdartige zu benennen und für den Leser zugänglich zu machen. So verglich er die Herrschaftsformen der Kaziken mit der Situation in Latium zur Zeit des Aeneas oder die angeblich dort lebenden Amazonen mit den Frauen auf Lesbos.[70] Mit dieser Projektion wurde die Neue Welt im Vergleich zur Alten Welt beschrieben und gleichzeitig eine neue antike Welt konstruiert. Anghiera gehörte jedoch nicht zu denjenigen, die dem Unbekannten unvorbehalten entgegentraten. Er beurteilte nach abendländisch-christlichen Vorstellungen. Was er in Amerika wahrnahm, musste ihm deshalb als eine denaturierte Abweichung von der Norm erscheinen. Daher löste das Wahrgenommene bei ihm Abwehr aus. Die Erkenntnis Vespuccis, auf einen neuen Kontinent gestoßen zu sein, und die Informationen von Augenzeugen zwangen die Zeitgenossen dazu, das bisherige Erklärungsschema in einigen Fragen der Kosmologie zu revidieren und die antiken Autoren systematisch zu korrigieren. Dieser Umschwung lässt sich z.B. an der Aussage von dem St. Gallener Reformator Joachim Vadian erkennen, der 1514 an seinen Schüler Rudolf Agricola Junior schrieb:

---

[68] Hans J. König: Die Entdeckung und Eroberung Amerikas, S. 198.

[69] Wolf: „Das sind die neu gefunden menschen und völcker“, S. 41.

[70] Heinz Hofmann: Über die Langsamkeit des Wandels von Weltbildern. Die Verarbeitung der Entdeckungen in der neulateinischen Literatur und die Vorgabe der Antike, in: Die Wechselwirkungen von Tradition und Innovation der geographischen Beschreibungen der Alten und Neuen Welt, hg. von Rudolf Suntrup/Jan R. Veenstra, Suhrkamp Verlag Frankfurt a. M. 2001, S. 33f.

„Um gültige geographische Erkenntnisse zu gewinnen, müsse die geeignete Methode nicht mehr die Untersuchung der Argumente sein, sondern das erfahrungsgeleitete Beobachten. In dieser Sache sollst du denen trauen, die sich in neuerer Zeit um die Erkenntnis von Lage und Ausdehnung der Erde gekümmert haben."[71]

Diese Einstellung teilte auch José de Acosta, der zunächst seine Ausführungen zur Kosmologie und Geographie auf die Positionen der antiken Autoren bezog und diese dann systematisch korrigierte und kritisierte. Anstelle der antiken Autoren traten für Acosta die aus den Reiseberichten und Chroniken stammenden Augenzeugenberichte. Hier wird besonders deutlich, welch große Bedeutung den Reisberichten für die Veränderung der Wahrnehmung und für den Wandel des Weltbildes beizumessen ist. Anders als Anghiera ging Acosta grundsätzlich davon aus, dass es sich bei den Indios um vernunftbegabte, der christlichen Religion zugängliche Menschen handelt und stellte sie nicht wie Anghiera mit den Tieren gleich.[72] Im ersten Buch in den Kapiteln 16–20 erwähnt Acosta, dass die indianischen Völker von Adam abstammten. Ausgehend davon vertrat er die Annahme, dass die Bewohner der Neuen Welt über eine Verbindung, z.B. über eine Landbrücke, von Asien nach Amerika gelangt seien.[73] Dies schloss er aus Ähnlichkeiten bei Tieren und auch den menschlichen Bewohnern beiderseits des Atlantiks. Tiere und Menschen, so seine Vorstellung, seien über diese Verbindung gegangen und hätten sich so vermischt und angeglichen.

Abbildung 6: Ehemalige Landbrücke: die Beringstraße © NASA[74]

[71] Klaus Vogel: Amerigo Vespucci und die Humanisten in Wien, in: Pirckheimer–Jahrbuch 7 (1992) (= Von den Folgen der Entdeckungsreisen für Europa, hg. von Stephan Füssel, Nürnberg 1992), S. 53–104, hier: S. 86.

[72] Pedro Mártir Anghiera: Decadas, übers., hg. und mit Anm. vers. von Hans Klingelhöfer, Wissenschaftliche Buchgesellschaft Darmstadt 1973, hier: Bd. II, Buch IV, 7. Decade, S. 199ff.

[73] José de Acosta: Historia natural y moral, hg. von Jane E. Mangan ; übers. und mit Anm. vers. von Walter Mignolo, Duke Univ. Press Durham 2002, hier: 1. Buch, Kap. 16–24, S. 56-72.

[74] www.g-o.de/redaktion/focus/bild2/biogeo4m.jpg (eingesehen am 20.6.2011).

Acosta unterschied zwischen drei Formen von Barbaren und differenzierte diese entsprechend ihrer politischen und sozialen Ordnung und Kommunikation.[75] Den Grad, zu dem die Barbaren von der abendländisch-christlichen Norm abwichen, erklärte er durch die Dauer der Wanderung. Je länger es gedauert habe, bis die Indios sesshaft wurden, desto stärker wichen sie von der Norm ab. Die erste Gruppe bildeten diejenigen, die ein stabiles Gemeinwesen, Gesetze, Städte und Herrscher besaßen. Ferner war das Vorhandensein von Schrift ein weiteres wichtiges Kriterium für diese Gruppe. Hierzu zählten Indien und China. Die zweite Kategorie bildeten die organisierten Gemeinwesen mit religiösen Kulturen, die jedoch keine Schrift hatten. Dazu gehörte Peru und Mexiko. Die dritte Gruppe waren diejenigen, die als letzte am Kontinent angekommen oder an ihrer Sesshaftigkeit aus irgendeinem Grund gehindert worden seien.[76] Acostas Ursprungstheorie gilt als Grundlage für die Besiedlungstheorie Amerikas, die noch immer vielfach zitiert wird. Ales Hrdlicka betrachtete Acostas Behauptungen sogar als eine „vernünftige Forschungsgrundlage".[77] Jedoch berechtigt eine systematisierte, aber letztendlich willkürliche Einordnung fremder Kulturen nicht dazu, Acosta als einen Vorläufer der modernen Ethnologie zu bezeichnen. Zudem ist zu bedenken, dass diese Ursprungstheorien erst entstanden, als die Spanier ihre Besitzansprüche auf Amerika angemeldet hatten, und ihr Zweck die Legitimation dieser Ansprüche war.

Zu dieser Zeit entstand noch eine zweite Ursprungstheorie. Diese von Fernández de Oviedo geschaffene Theorie diente allein dem Interesse Spaniens und besagte, dass die indianischen Völker aus dem alten Spanien zur Zeit des Königs Hespero stammen könnten, da dieser vor mehr als dreitausend Jahren Westindien entdeckt hätte. Kolumbus hätte Westindien somit nur dem rechtmäßigen Eigentümer zurückgegeben.[78] Acosta verneinte diese These, da er davon überzeugt war, dass die Besiedelung Amerikas über die Landbrücke erfolgte, und er den Seeweg zu jener Zeit mangels technischer Mittel ausschloss.[79] Acostas Ursprungstheorie ist jedoch selbst ein literarisches Konstrukt, das jeglicher faktischer Grundlage entbehrt. Er entnahm seine Theorie über die Landbrücke aus Jahrzehnte alten kartografischen und

---

75 Acosta: Historia natural y moral, 1. Buch, Kap. 16 – 24, S. 56- 72.

76 Ebd.

77 Ales Hrdlicka: Melanesians and Australians and the peopling of America, Smithsonian Miscellaneous Collections. Bd. 94, Nr. 11, Washigton, 1935, S. 2, zit. in: Helga Gemegah (Hg.): Die Theorie des spanischen Jesuiten José de Acosta über den Ursprung der indianischen Völker aus Asien, Lang [u.a.], Frankfurt a. M. 1999, S. 28.

78 Lee Eldrige Huddleston: Origins of the American Indians, European Concepts, 1492–1729, Austin and London 1967, S. 16 zit. in: Helga Gemegah (Hg.): Die Theorie des spanischen Jesuiten José de Acosta über den Ursprung der indianischen Völker aus Asien, S. 43.

79 Acosta: Historia natural y moral, 1. Buch, Kap. 16.

literarischen Vorlagen.[80] Sie wurde zum offiziellen Beweisstück für Spaniens Landanspruch, den Kolumbus dadurch absicherte, dass er seine Mannschaft zu der Aussage verpflichtete, dass Kuba mit dem Festland verbunden sei. Obgleich man am spanischen Hof wusste, dass Kolumbus von Asien noch weit entfernt war, wurden die neuen Gebiete offiziell Asien zugeordnet.[81] Die Behauptung Acostas, dass Amerika mit Asien verbunden gewesen sei, diente lediglich dazu, den zukünftigen Anspruch Spaniens auf Asien zu legitimieren.

> „Seine Erklärungen führten zu einer neuen geographischen-kosmographischen und damit räumlichen Verortung der neugefundenen Insel als neuer Kontinent. Darüber hinaus führte es auch zu einer neuen temporalen Positionierung der Bewohner dieses neuen Erdteils durch die Einordnung ín die Heilsgeschichte und verortet die Neue Welt zeitlich in einem gemeinsamen Kontinuum mit der alten Welt."[82]

Seine Theorie passte er den politischen Notwendigkeiten seiner Zeit an, ohne sich über die Konsequenzen bewusst zu sein, die sie für die Bewohner der Neuen Welt hatte. Denn seine märchenhafte Theorie nahm der indigenen Bevölkerung ihr Territorium, ihre Rechtsansprüche, ja selbst ihre eigene Identität und führte zu physischen sowie psychischen Gewalttaten, die sich Jahrhunderte lang hinzogen und die Indios fast vollständig ausrotteten.

3.2 Die Rolle der Medien

Das Ende des 15. Jahrhunderts und der Anfang des 16. Jahrhunderts waren gekennzeichnet von Erfindungen, Entdeckungen und Sensationsmeldungen. Eine der herausragendsten Erfindungen jener Zeit war die des Buchdrucks. Dieses neue Kommunikationsmittel ermöglichte eine schnelle Verbreitung von Informationen, die wiederum Verleger, Autoren und Drucker nutzen, um sich an der Veröffentlichung von fantastischen Informationen zu bereichern. Sie waren sich bewusst, dass alles, was der Norm widersprach, die Gemüter der Leser erregte und ihren eigenen Geldbeutel füllte. Daher verwendeten sie sensationsträchtiges Material und verklärten die Wahrnehmung ihrer Abnehmer. Aufgrund des vorherrschenden Analphabetismus illustrierten sie ihre Informationen mit skandalösem Bildmaterial, das zur Tradierung von Klischees und Stereotypen führte.[83] Flugblätter und Flugschriften, ein- bzw. mehrseitige mit Holzschnitten illustrierte Blätter, waren ein

---

[80] Helga Gemegah (Hg.): Die Theorie des spanischen Jesuiten José de Acosta über den Ursprung der indianischen Völker aus Asien, Frankfurt am Main [u.a.], Lang 1999, S. 210.
[81] Gemegah : Die Theorie des spanischen Jesuiten José de Acosta, S. 118.
[82] Burghart: Alt, neu oder jung?, S. 15.
[83] Brednich: Amerika in den frühneuzeitlichen Medien, S. 20.

beliebtes Propaganda- und Informationsmedium, das meist private oder offizielle Korrespondenz verbreitete. Diese „Newe Zeytungen" dienten dazu, die Sensationslust der Bevölkerung mit immer neuen Geschichten wachzurufen und zu befriedigen.[84] Interessanterweise begleiteten diese neuen Druckmedien den Prozess der Entdeckung und Eroberung von Amerika nur sporadisch. Folgende Faktoren spielten dabei eine tragende Rolle: Im 16. Jahrhundert war die Gesamtproduktion an schriftlichen Informationen aus der Neuen Welt am deutschen Buchmarkt sehr gering. „Der Bibliograph Emil Weller hat 1872 für die ‚Bibliothek des Litterarischen Vereins Stuttgart' eine Zusammenstellung aller Druckerzeugnisse des 16. Jahrhunderts angefertigt, die das Wort ‚Zeitung' im Titel führen. Von den insgesamt 877 erfassten Flugschriften oder Newen Zeitungen beziehen sich ganze acht, das sind weniger als 1 %, auf die Neue Welt. Darunter befinden sich zudem noch Zeitungen, deren Informationswert gegen Null tendiert": [85]

> „Newe zeytung von einem selzamen Meerwunder, so
> Sich diß nechst verschienen Lxiii, im Land Bresilia,
> bey der Statt Santes, auß dem Meer herfür gethon, vnd
> daselbst von den Innwohner vmgebracht, vnd von men-
> nigklich ist gesehen worden. Getruckt zu Augspurg, bey
> Mattheo Francke (1565). Folioblatt mit Holzschnitt:
> Zwei Wilde schießen mit Pfeilen auf das Meerwunder
> Links durchstößt es einer mit dem Schwert. Zürich."[86]

Wie ist diese niedrige Prozentzahl zu erklären? Man muss sich zum einen vor Augen führen, dass in Europa des 16. Jahrhunderts eine Reihe von Ereignissen die Gemüter mehr erregten, als es die Entdeckung der „westindischen Inseln" vermochte. Hungersnöte, Kriege und Krankheiten prägten die Alltagserfahrung zahlreicher Europäer. Die Reformation war in Europa eingekehrt und veränderte die religiösen Auffassungen tiefgreifend. Die vom Osmanischen Reich ausgehende Gefahr war nicht gebannt. Diese Ereignisse beschäftigen die Bevölkerung und waren vorherrschend in den Medien vertreten. Der Informationsmangel über die Neue Welt wurde zusätzlich durch eine restringiert betriebene Informationspolitik der Mächte begünstigt, die an der Eroberung und Erschließung der neu gefundenen Länder beteiligt waren. Diese europäischen Mächte hielten Nachrichten über die Neue Welt zurück, da sie jede Information, die zur Annektierung nützlich war, für geheim halten und für ihre Zwecke ausnutzen wollten.[87] Der Mangel an Informationen und Interesse führte

---

[84] König: Das Lateinamerikabild in der deutschen Historiographie, S. 344.
[85] Brednich: Amerika in den frühneuzeitlichen Medien, S. 23.
[86] Ebd., S. 23.
[87] Brednich: Amerika in den frühneuzeitlichen Medien, S. 22.

dazu, dass die Neuigkeiten aus der Neuen Welt nur selten in den Flugblättern und Flugschriften erschienen. Ein weiterer Faktor, der die niedrige Gesamtproduktion an schriftlichen Informationen aus der Neuen Welt erklärt, waren die Drucker selbst. Denn diese waren von Informationen, die sie sich beschaffen mussten, von den Interessen ihrer Auftraggeber wie auch vom Informationsbedürfnis des Rezipienten abhängig. Hinzu kam, dass diese Kleindrucke nur unregelmäßig und zu bestimmten Gelegenheiten erschienen. Der Mangel an Informationen und Interesse an der Neuen Welt, der sich in den Themen der Flugblätter widerspiegelt, ist ebenso in der gelehrten Welt ersichtlich. In den Kosmographien und Weltchroniken des frühen 16. Jahrhunderts werden die Entdeckungen von Kolumbus und Vespucci nur am Rande erwähnt.[88] Daher verwundert es nicht, dass die breite Bevölkerung nur selten an Informationen aus der Neuen Welt gelangte.

3.3 Die Bedeutung der Bilder in den Medien

Das Neue wird als eine Spielart des Bekannten dargestellt.[89] Im Vordergrund der Darstellung der Neuen Welt standen unzivilisierte, nackte Wilde, die den Kannibalismus vor dem Hintergrund einer außergewöhnlich fruchtbaren und ausladenden Natur praktizierten. Diese Merkmale wurden durch Illustrationen noch zusätzlich untermalt.[90] Die Illustrationen dienten den zeitgenössischen Autoren, um die fremde Fauna und Flora sowie die Indianer in ihr eurozentrisches Weltbild eingliedern zu können. Dieser Ethnozentrismus mag heute voreingenommen, rassistisch und überheblich erscheinen, aber er diente den Zeitgenossen dazu, das Fremde verstehen zu können. Denn im Gegensatz zu Afrika und Asien war Amerika für die Europäer ein völlig unbekanntes Land und in den vorhandenen Erfahrungs- und Wissenshorizont nicht einzuordnen. Die Indios und ihre Kultur waren den damaligen Europäern ebenso unbekannt wie die Flora und Fauna dieses Landes. Daher standen die frühen Reisenden vor dem Problem, die neuen Sinneseindrücke in ihre kulturell erworbenen und überlieferten Wahrnehmungsmuster einzupassen, um sich in der fremden Umwelt orientieren zu können. Man spricht in diesem Zusammenhang von stereotypen Systemen, ohne die der Mensch bei der Bewertung neuer Sinneseindrücke überfordert wäre. Werner Wolf bezeichnet dies als eine

---

[88] Brednich: Amerika in den frühneuzeitlichen Medien, S. 22.
[89] Ebd..
[90] König: Das Lateinamerikabild in der deutschen Historiographie, S. 349.

„schematische Interpretationsform der Wirklichkeit, die im Dienste einer allseitigen, aber vereinfachten Orientierung in der Umwelt sowie deren Bewältigung stehen und das Individuum von der Ungewissheit der begegnenden Situation und der sie definierenden Gegebenheiten befreien. Die Unüberschaubarkeit der Wirklichkeit wird durch die ihnen innewohnenden selektive Tendenz strukturiert."[91]

Demzufolge haben die Europäer das Unbekannte durch bekannte Muster wahrgenommen, nach ihren Maßstäben beurteilt und sich die Neue Welt dadurch erklärt. Die Europäer waren somit nicht in der Lage, die Neue Welt als eine eigene Kultur, als Ergebnis eines eigenständigen historischen Entwicklungsprozesses zu verstehen und verurteilten dementsprechend die Indianer als wilde, verabscheuungswürdige Menschen. Diverse zeitgenössische Illustrationen verbildlichen diese Sichtweise und reißen eine tiefe Kluft zwischen den Zivilisierten und den Wilden. Anstelle des edlen Wilden tritt der Kannibale, der Menschen jagt und frisst und Mehrehe und Promiskuität ausübt. Dieses Bild dominiert in den zeitgenössischen Medien und zeigt sich in verschiedenen Gattungen, darunter Kosmographien und Chroniken, wie die *Cosmographia* von Sebastian Münster. Im fünften Buch der *Cosmographia* erwähnt Münster die Neue Welt. Aufgrund der Informationsarmut und des mangelnden Interesses der Bevölkerung an den Neuentdeckungen geht Münster wie auch andere Gelehrte seiner Zeit nur am Rande auf die Bevölkerung der Neuen Welt ein. Er übernimmt kritiklos frühere Bilder, die von einem unkultivierten, wilden Menschen zeugen. Als besonderes Charakteristikum der Indios stechen auch bei ihm ihre Nacktheit und ihr Kannibalismus hervor.[92] Die *Cosmographia* von Sebastian Münster spiegelt auch die Art und Weise wider, wie die Autoren und Verleger des frühen 16. Jahrhunderts das Fremde wahrnahmen. Dabei folgten sie noch lange den Traditionen der christlich-antiken Mythologie. Sebastian Münster bezog sein Wissen aus den Reiseberichten und Erzählungen verschiedener Gelehrter, Geographen, Kartographen und Seereisender. Das Werk von Marco Polo, Plinius dem Älteren sowie der Bericht des Ritters Jehan de Mandeville zählten u. a. zu seinen Quellen. So blieb es nicht aus, dass Münster in seiner *Cosmographia* eine Welt beschrieb, in der Fabelwesen vorkommen, wie beispielsweise Menschen mit Hundeköpfen, Großfüßler, Blemmyes und Seeungeheuer.[93] Die Blemmyes sind bereits in den Werken Plinius des Ältern zu finden, aber auch auf Holzschnitten in der *Cosmographia* abgebildet.

---

91 Wolf: Das sind die neu gefundenen völcker", S. 35.
92 König: Das Lateinamerikabild in der deutschen Historiographie, S. 349.
93 König: Das Lateinamerikabild in der deutschen Historiographie, S. 349.

Abbildung 7: Raleigh (Hulsius): Die kopflosen Einwohner Guayanas. Stich von Judocus Hondius[94]

Neben den Chroniken und Kosmographien ist als zweite Gattung die Literatur hinzuzufügen, obwohl das Thema Amerika im 16. Jahrhundert nur sporadisch behandelt wurde.[95] Das erste literarische Zeugnis, das in deutscher Sprache über die Wiederauffindung einer neualten Welt berichtet, ist das *Narrenschiff* von Sebastian Brant. Das *Narrenschiff* wurde besonders durch seine vielen Illustrationen im zeitgenössischen Europa populär und spricht bereits im Jahr 1494 zwei Motive an, die in den Medien im 16. Jahrhundert immer wieder eine Rolle spielten:[96]

„Och hat man sydt in portigall
Und inn Hispanien verall
Golt inseln gefunden, vnd nacket lüt
Von den man vor wust saget nüt."[97]

Die neu entdeckten Inseln werden in diesen Versen mit „golt inseln" verglichen und animieren den Leser dazu, zu den neuen Inseln aufzubrechen, um sich zu bereichern und sein Glück zu finden. Des Weiteren wird dem Leser das Bild der „nacket lüt" vermittelt, die sich auf diesen „golt inseln" befänden. Mit dieser Aussage wird eine Brücke zu der Mär des „Goldenen Zeitalters" geschlagen, von dem schon in der Bibel die Rede war, und die These untermauert, das „irdische Paradies" gefunden zu haben.

94 König: Amerika. Mythisches, irrtümliches und merkwürdiges im Kartenbild, S. 42.
95 König: Das Lateinamerikabild in der deutschen Historiographie, S. 347.
96 Brednich: Amerika, S. 20.
97 Ebd.

Flugblätter und Flugschriften sind eine weitere Gattung, die in den Medien eine weite Verbreitung fand.[98] Ein illustriertes Flugblatt aus dem Jahr 1566 mit dem Titel *Warhafftige Contrafey einer wilden Frawen/mit jrem Töchterlein/ gefunden in der Landschaft Nova terra* zeigt, dass die Schreckensvisionen der Entdeckungsreisenden von indianischer Promiskuität, von perversen Liebesritualen und Kannibalismus im Schrifttum des ganzen Jahrhunderts vorkommen. Das Bild dominiert den Text, steht zentral und unterteilt das Flugblatt in zwei Hälften. Französische Reisende hatten die Indianerin und ihre Tochter aus der Neuen Welt nach Antwerpen verschleppt und sie vor Ort zur Schau gestellt. Der Ehemann hatte seine Familie bis zum Tod hin verteidigt. Seinen Tod rechtfertigte man durch den Vorwurf des Mordes und des Kannibalismus. Die Franzosen behaupteten, er habe zwölf französische und portugiesische Seeleute ermordet und danach gegessen. Dieses Flugblatt sowie die Ausstellung der Indianerinnen diente lediglich dem Zweck, der Bevölkerung zu vermitteln, dass die Indianer kein Recht hätten zu überleben und bestenfalls missioniert und als Arbeitstiere gehalten werden müssten.[99]

Abbildung 8: Wahrhafftiges Contrafey einer wilden Frawen mit jrem Tochterlein. Einblattdruck, Augsburg 1566[100]

Ein anderes illustriertes Flugblatt aus dem Jahr 1505 zeigt ein deutliches Übergewicht des Bildes gegenüber dem Text. Der Holzschnitt zeigt einen Ausschnitt aus einem Indianerdorf beim alltäglichen „Barbecue“. Im Zentrum des Bildes sieht man einen menschlichen

98 König: Das Lateinamerikabild in der deutschen Historiographie, S. 344.
99 Brednich: Amerika, S. 30.
100 Ebd., S. 29.

Körper, der über einem offenen Feuer brät, während auf der linken oberen Seite des Bildes mehrere Indianer schon menschliche Glieder verspeisen. Auf der unteren linken Seite des Bildes säugt eine Indianerin ihr Kind, während sie zwei weitere an der Hand hält. Auf der rechten Seite des Bildes werden drei männliche Indianer dargestellt, die mit Pfeil und Bogen bewaffnet sind. Einer dieser Indianer nimmt eine zentrale Stellung im Bild ein. Er drückt seine Faust gegen seine Brust, um damit seine Männlichkeit und Kampfeskraft auszudrücken. Die Geste markiert ihn als animalisches Wesen. Die anderen beiden bewaffneten Indianer unterhalten sich, während einer dem anderen seine Hand auf die Schulter legt, um ihm seine Bewunderung auszudrücken. Dies legt den Schluss nahe, dass Letzterer den Geschlachteten erlegt hat. Die Indianer sind alle nackt dargestellt. Lediglich Federn schmücken ihre Köpfe, Fesseln und Schambereiche. Im Hintergrund sind europäische Schiffe zu sehen, die vor dem Festland ankern bzw. die Heimkehr antreten.

Abbildung 9: „Diese Figur anzaigt vns das volck vnd die insel die gefunden ist durch den christlichen künig zu Portigal. Einblattdruck, Nürnberg um 1505[101]

Diese Darstellung illustriert die Textpassage über die Wilden in Vespuccis Werk *Diß büchlin saget* und dient als Paradebeispiel für die europäische Sichtweise der Neuen Welt:

> „vnd vnder anderm fleysch ist yr menschen fleysch ein
> speyß/ Es hat der vater sein sun vnd weyb gessen
> ich hab einen gesehen von dem sagt man er het wol
> von dreyhundert menschen leyben geessen/ ich

[101] Brendich: Amerika, S. 29.

gewesen an einem end da hab ich gesehen gesalzen menschen fleysch vnd auff gehenckt zu derren/ wie hie bey vns das schweinen fleysch/ sie verwunden sich warumb wir vnser veint fleysch nit auch essen in vnser speyß/ dan sie meynen daz es das aller beste fleysch sey/ [...]/Wir rieten in van solcher pöser weyß zulassen."[102]

Vespuccis Werk sowie die Berichte des Kolumbus sind Reise- und Augenzeugenberichte und gehörten zu einer weiteren Gattung von Werken, die in den Medien diese verklärten Illustrationen der Eingeborenen aus der Neuen Welt darstellt. Diese Thematik wird im Folgenden anhand einiger spanischer, französischer und deutscher Reiseberichte behandelt. Der folgende Überblick beschränkt sich dabei auf das 16. Jahrhundert.

[102] Brendich: Amerika, S. 26.

4 Wahrnehmung und Stilisierung der Eingeborenen der Neuen Welt in ausgewählten Reiseberichten und Chroniken des 16. Jahrhunderts

In den ersten Jahren des 16. Jahrhunderts verbreitete sich die Kunde von der Neuen Welt dank der aufblühenden Buchdrucker – und Holzschneidekunst über illustrierte Einblattdrucke, Flugschriften und „Zeytungen". In diesem Zeitraum traten auch Sammlungen von Reiseberichten auf, die ihren Ursprung den langsam reichlicher fließenden Informationen über die neu entdeckten Erdregionen verdankten.[103] Das Interesse der Berichterstatter sowie der Leserschaft war – wie im christlichen Mittelalter – noch stark auf das in fernen Ländern zu Entdeckende, möglichst von der eigenen Norm radikal Abweichende gerichtet.[104] Die Zeitgenossen fühlten sich durch diese Lektüren in ihrer Überlegenheit gegenüber den Heiden bestätigt. Dementsprechend kam es den Europäern in dieser Epoche auf sachliche, der fremden Wirklichkeit gerecht werdende Darstellung von anderen Kulturen noch nicht an.[105] Dieses Kapitel wird einen Querschnitt aus den Wahrnehmungen der Seefahrer, Abenteurer und Militärs darstellen, die im 16. Jahrhundert in die Neue Welt aufbrachen, um aus verschiedenen Gründen das Neuentdeckte zu beschreiben und ihren Beitrag dazu leisteten, dass sich das Weltbild allmählich veränderte. In diesem Querschnitt wird neben dem nationalen Vergleich ebenso auf den internationalen Vergleich der Quellen geachtet.

4.1 Das Indiobild spanischer Chronisten im 16. Jahrhundert

Die folgenden Ausführungen beruhen im Wesentlichen auf Schriften von Pedro Cieza de Léon, Bartholomé de Las Casas, Gonzalo Fernández de Oviedo und Hernán Cortés. José de Acostas bedeutender Beitrag über die Neue Welt, der den Wandel des neuen Weltbildes entscheidend beeinflusste, wurde im vorherigen Kapitel diskutiert und wird daher im folgenden Überblick nicht mehr beachtet. Zunächst wird ein Kurzüberblick über die

---

[103] Karl Heinrich Oberacker Jr.: Presse – Nachrichten über Brasilien aus dem 17. Jahrhundert, in: Staden – Jahrbuch 13 (1965) (= Beiträge zur Brasilkunde und zum brasilianisch-deutschen Kultur-und Wirtschaftsaustausch; Veröffentlichungen des Instituto Hans Staden de Ciências, Letras e Intercâmbio Cultural Brasileiro-Alemão, Sao Paulo) S. 141–144.

[104] Wilhelm E. Mühlmann (Hg.): Geschichte der Anthropologie, Athenäum-Verlag Frankfurt a. M. 1968, S. 34–38.

[105] Eberhard Berg: „Wie ich in der tyrannischen Völcker Gewalt kommen bin" – Hans Stadens Reisen in die Neue Welt, in: Der Reisebericht. Die Entwicklung einer Gattung in der deutschen Literatur, hg. von Peter J. Brenner, Suhrkamp Verlag Frankfurt a. M. 1989, S. 178.

spanischen Chronisten gegeben und ihre Wahrnehmung der Neuen Welt zusammenfassend dargelegt. In den meisten spanischen Chroniken zeichnet sich ein negatives Bild von den Indios ab. Eine Ausnahme bilden die Chroniken von Pedro Cieza de Léon und Bartholomé de Las Casas.

4.1.1 Pedro Cieza de Léon und Bartholomé de Las Casas

In seiner Chronik beschreibt Pedro Cieza de Léon Erlebnisse, die ihm von 1548–1550 als Soldat in Kolumbien widerfahren sind. Dabei schildert Léon das kulturelle Leben der Indios eindringlich, ohne sie abzuwerten. Er stellt sie nicht mit wilden Tieren gleich, vielmehr hält er sie für bemitleidenswert. Dies kommt vor allem in seinem Vorwort zum Ausdruck:

> „...indem wir zweitens bedenken, dass wir Spanier und alle diese Indios, alle von denselben Ureltern Adam und Eva abstammen und dass der Sohn Gottes für alle Menschen von Himmel stieg und, Mensch geworden, den grausamen Kreuzestod erlitt, um uns zu erretten und von der Macht des Teufels zu befreien; dass ferner der Teufel mit Gottes Billigung diese Menschen lange Zeit in Knechtschaft hielt, dann war es recht und billig, alle Welt erfahren zu lassen, wie diese Menschen durch die Anstrengung der Spanier in den Schoß der heiligen Mutter Kirche zurückgeführt wurden.“[106]

Léon führt wie Acosta[107] die Abstammung der Indios auf Adam zurück. Somit stellt er sie als Menschen dar, die missioniert werden können und müssen. Ferner kritisiert er diejenigen Spanier, die den Indios aufgrund ihrer Unsitten wie Menschenopfer, Kannibalismus und Heidentum das Menschsein absprechen. Diese Unsitten sind für Léon nicht auf die grundlegend andere Natur der Indios, sondern auf ihr Fernsein vom christlichen Gott zurückzuführen. Das Faktum, dass die Eingeborenen nackt sind, unterstreicht ihre Gottesferne und nicht die sündige Körperlichkeit. Denn „bereits seit dem frühen Mittelalter wurde Nacktheit als Charakteristikum für denjenigen Menschen ausgelegt, der fern von Gott als Ungetaufter sein Dasein fristet.“[108] Diese theologische Interpretation von Nacktheit blieb in der Frühen Neuzeit erhalten.[109] Dieselbe Auffassung vertrat auch Bartholomé de Las Casas, der eine besondere Verwandlung vom Conquistador zum Protektor der Indios erlebte. Las Casas

---

[106] Cieza de Léon: Chronica del Peru. The seventeen years travels of Peter de Cieza through the mighty kingdom of Peru, and the large provinces of Cartagena and Popayan in South America: Now first translated from the Spanish, and illustrated, London 1709, S.181, zit. nach Hans Joachim König: Verständnislosigkeit und Verstehen, Sicherheit und Zweifel. Das Indiobild spanischer Chronisten im 16. Jahrhundert, in: Die Kenntnis beider „Indien“ im frühneuzeitlichen Europa, hg. von Urs Bitterli, Oldenbourg Verlag München 1991, S. 50.

[107] Vgl. José de Acosta: Historia natural y moral, 1. Buch, Kap. 16–24.

[108] Kirsten Mahlke (Hg.): Offenbarung im Westen. Frühe Berichte aus der Neuen Welt. Fischer Taschenbuch Verlag Frankfurt a. M. 2005, S. 155.

[109] Ebd.

beschritt zunächst den Weg der Conquistadoren. In den Jahren 1511–1514 nahm er an der blutigen Eroberung Kubas teil. Für seine Rolle als kompetenter militärischer Berater und Teilnehmer an mehreren Feldzügen wurde er sogar mit einer Encomienda belohnt. Auch als aktiv beteiligter und überzeugter Conquistador blieb er nicht unberührt vom Schicksal der eingeborenen Indios.[110] Das Elend auf den Schlachtfeldern sowie ihre Misshandlung und Abschlachtung bewirkte bei Las Casas eine innere Umkehr. Er begann die Indios nicht mehr als wilde Tiere anzusehen, sondern als Menschen, die kraft ihres Verstandes und ihrer Vernunft missioniert werden können. Seit dieser Zeit verurteilte er die Sklaverei und begann für die Rechte der Indios zu kämpfen. Am 15. August 1514 kündigte er öffentlich an, dass er auf seine erworbenen Leibeigenen verzichte und sie freilasse. Im selben Jahre reiste Las Casas nach Spanien, um sich für sein Unternehmen prominente Unterstützung zu holen. Seinen Mitstreiter fand er in dem einflussreichen Erzbischof und Regenten von Toledo, Francisco Jiménez de Cisneros. Mit dessen Hilfe wurde der „Plan zur Reformation der indischen Länder" entwickelt.[111] Im Zuge der Umsetzung desselben wurde Las Casas als Prokurator der Indischen Länder ernannt, um einer Kommission vorzustehen, welche die Lebensbedingungen und den Zustand der Indios untersuchen sollte. Seine Absicht war es, die Missstände der Encomienda zu beenden und einen friedlichen Weg der Kolonisierung und Missionierung einzuschlagen. Die Weichen hierfür wurden jedoch erst im Jahre 1520 gestellt, da die von der spanischen Krone gesandten Hieronymitenmönche versagten. Las Casas reiste nach Spanien zurück und hielt vor dem spanischen Parlament in Barcelona im Dezember 1519 eine leidenschaftliche Rede. Seine Argumente schienen Karl V. zu überzeugen, der daraufhin dieses Projekt unterstützte. Las Casas erhielt von Karl V. die Genehmigung für einen Kolonisierungs- und Missionierungsversuch, den er am Golf von Paria, im Norden Venezuelas, in die Tat umsetzen wollte.[112] Las Casas war von seinem friedlichen Weg überzeugt, da für ihn Krieg, Terror und Gewalt nicht als geeignete Mittel galten, Menschen zu bekehren und sie auf den „rechten Weg“ zu führen. Sein friedlicher Weg der Missionierung sah vor, an den Verstand und die Vernunft der Indios zu appellieren und diese durch hingebungsvolle Zuwendungen und Predigten davon zu überzeugen, ihrem Glauben freiwillig zu entsagen und den christlichen Glauben anzunehmen. Las Casas Kolonisationsversuch sollte eine harmonische Gemeinschaft aus Indios und Spanier erschaffen, die gleichberechtigt miteinander in Frieden leben sollten.[113]

---

110 Peter Bigorajski: Bartholomé de las Casas auf: http://www.laconquista.de/conquista/biographien/casas.htm (eingesehen am 3.7. 2011).

111 Ebd.

112 Ebd.

113 König: Die Entdeckung und Eroberung Amerikas, S. 101.

Diese Gedanken waren für die Spanier nicht nachvollziehbar. Die frühen Illustrationen der Entdeckungsberichte und Flugblätter bestimmten ihre Wahrnehmung der Bewohner der Neuen Welt als unzivilisierte und barbarische Völker, die dämonische Rituale vollzogen und Menschen aßen.[114] Las Casas Vorstellung war mit ihrem Ethos unvereinbar. Daher weigerten sich die Spanier seinem Wunsch nachzukommen und provozierten und misshandelten die Indios. Unzählige Überfälle auf die Missionsstationen zeugten von dieser Haltung gegenüber den Indios. Die unzureichende Anzahl von Kolonisten, die starke Opposition von Encomenderos in Santo Domingo und letztlich die feindlichen Angriffe der Indios selbst ließen dieses Experiment im Januar 1522 scheitern und verhinderten eine Missionierung und dauerhafte Kolonisierung.[115]

Obgleich Las Casas Plan scheiterte, kämpfte er weiter für eine gerechte und menschenwürdige Behandlung der Indios. Anlässlich der Überlegungen zu einer neuen Indianerschutzgesetzgebung verfasste er 1552, zur Information für den spanischen Hof, seinen *Kurzgefassten Bericht über die Zerstörung der Indios*. Darin betonte er die Friedfertigkeit und die Sanftmütigkeit der Indios, die mit Vernunft begabt und fähig seien, den christlichen Glauben anzunehmen.[116] Seine Intention bestand darin, aufzuzeigen, dass die Indios mit der europäischen Zivilisation vollständig vertraut gemacht werden könnten, wenn sie ihrem Menschsein entsprechend behandelt würden. So versuchte er in dieser Schrift das Bild des kannibalischen Wilden zu negieren und die Europäer von der Missionsbedürftigkeit der Indios zu überzeugen. Unter der Prämisse der Humanität der Indios war für Las Casas die Europäisierung nichts anderes als eine Christianisierung, die mit Fürsorge und Überzeugungskraft erfolgen und jeder Gewalt entsagen sollte. Joachim König betrachtet den *Kurzgefassten Bericht über die Zerstörung Westindiens* als eine für den spanischen Hof bestimmte Informations- und Agitationsschrift, die den Hof über die unmenschliche und unchristliche Behandlung informieren sollte, die die Indios durch die Europäer erleiden mussten.[117] Für Peter Bigorajski bezeichnet sie als einen

> „Bericht all dessen, was er in der Neuen Welt gesehen oder gehört hatte. Mehr jedoch als eine Chronik, ist es eine prophetische Interpretation der Ereignisse. Der Zweck der Bekanntmachung aller dargelegten Fakten ist die Entblößung der ‚Sünde' der spanischen Vorherrschaft, ihrer Unterdrückung und Unge-

---

114 Wolf: „Das sind die neu gefundenen menschen und völcker", S. 31

115 Bigorajski: Bartholomé de las Casas auf: http://www.laconquista.de/conquista/biographien/casas.htm (3.7.2011).

116 Bartholomé de las Casas: Brevísima relación de la destrucción de las Indias occidentales, hg. von Hans Magnus Enzensberger übers. v. Dietrich Wilhelm Andrea, Insel Verlag Frankfurt a. M. 1966, S. 71.

117 Hans-Joachim König: Bartholomé de las Casas der Historiker, in: Objektiver Betrachter oder bewusster Verleumder? Historiker oder Apologet?, in: Von Kolumbus bis Castro. Aufsätze zur Geschichte Lateinamerikas, hg. von Michael Riekenberg/Stefan Rinke/Peer Schmidt, Hans-Dieter Heinz Verlag, Stuttgart 2006, S. 329.

rechtigkeit, welche die Spanier der Bevölkerung der von Ihnen entdeckten Welten zufügten. Es war Las Casas Ziel Spanien den Grund zukünftigen Unglücks vor Augen zu führen, welches die unvermeidliche Strafe Gottes sein werde.“[118]

Las Casas Versuch war von zweifelhaftem Erfolg gekrönt. Einerseits trug diese Schrift wesentlich zu Abfassung der „Neuen Gesetze“ bei, die im Jahre 1542 verabschiedet wurden.[119] Gemäß dieser „Neuen Gesetze“ war die Encomienda nicht mehr vererbbar. Ferner waren Encomenderos dazu verpflichtet, ihre Indios nach einer Generation aus dem Zwangsarbeitsverhältnis freizulassen. Obgleich dieses Gesetz einen Erfolg für Las Casas und seine Mitstreiter darstellte, konnte es in der Neuen Welt aufgrund des Widerstands der Encomenderos nur schwer durchgesetzt werden.

Andererseits wurde diese Schrift von den Gegnern der spanischen Monarchie und Protestanten als Waffe gegen die spanische Hegemonialmacht und Tyrannei aufgegriffen. Die „Leyanda Negra“, die politisch-ideologisch veranlasste Legende von der besonderen Grausamkeit der Spanier, hatte begonnen. Diese Verwendung der Anklageschrift stand den Absichten Las Casas letztendlich jedoch fremd gegenüber.[120] Ein Beweis dieses Missbrauchs stammt aus dem späten 16. Jahrhundert. „In einer niederländischen Ausgabe von Las Casas Schrift wurde die Schätzung von 12 Millionen Opfern auf 20 Millionen angehoben. Ferner unterstellten die Herausgeber den Spaniern, sie hätten einen Völkermord an den Niederländern verüben wollen.“[121] Der Vergleich entbehrt jeder Realität. Die Spanier besetzen im 16. Jahrhundert zwar die Niederlande, von einem Völkermord kann aber keine Rede sein. Zwar löschten die Spanier in der Neuen Welt tatsächlich ganze Stämme aus: Die Zahl der Ureinwohner ging um 90 Prozent zurück und die Ureinwohner der Insel Haiti starben aus.[122] Doch war dies mit der Zahl an Todesopfern der spanisch-niederländischen Kriege nicht zu vergleichen. Dennoch versäumte im Laufe der Zeit kein politischer Gegner Spaniens, den Kontrahenten mit einer neuen Ausgabe von Las Casas „Kurzem Bericht“ zu verunglimpfen. Wolfgang Reinhard berichtet, dass die USA, die im Jahre 1898 Krieg gegen Spanien führten, noch auf Las Casas Werk zurückgriffen.[123]

„Dabei trug die Besiedlung Nordamerikas durch die britischen Siedler und ihre Nachfolger, die US-Amerikaner, sehr viel eher Züge eines Völkermordes als die spanische Conquista. Schließlich ging es

---

118 Bigorajski: Bartholomé de las Casas in: http://www.laconquista.de/conquista/biographien/casas.htm (eingesehen am 3.7. 2011).
119 König: Bartholomé de las Casas der Historiker, S. 329.
120 Ebd.
121 Wolfgang Reinhard: Das Zeitalter der Entdecker. Land in Sicht auf: http://www.zeit.de/zeit-geschichte/2011/01/Zeitalter-der-Entdecker (eingesehen am 10.7. 2011).
122 Ebd.
123 Ebd.

Briten und Amerikanern nicht darum, Arbeitskräfte zu gewinnen, sondern um das Land der Ureinwohner sich anzueignen und Vorbesitzer auszulöschen, notfalls mit gezielter Pockeninfektion."

Der Missbrauch des *Kurzgefassten Berichts über die Zerstörung Westindiens* als ideologische Waffe der Gegner Spaniens führte dazu, dass über Las Casas Wirken noch bis vor Kurzem in Spanien geschwiegen wurde. Las Casas selbst rückte nie von seiner inneren Überzeugung ab und polarisierte damals wie auch heute.

„Für die einen ist er derjenige, der mit seiner Darstellung der spanischen Gräueltaten während der Conquista und der ersten Jahre der Kolonisation als Verleumder Spaniens die sogenannte ‚Leyenda Negra' provoziert und die Gegner der Universalmacht Spanien Argumente geliefert hat. Für die anderen ist er gerade wegen seiner kritischen Haltung gegenüber den Eroberungskriegen die Lichtgestalt, die als Beschützer der Indianer für die Gleichberechtigung und die Rechte der Indios auf Freiheit und soziale Gerechtigkeit eingetreten ist."[124]

Damals wie auch heute sind die Meinungen über Las Casas zwiegespalten, wie folgende Aussagen zeigen: Eduard Fuerter bezeichnet ihn als einen „vollkommenen Doktrinär" und „fanatischen Theoretiker", dessen Arbeiten „historisch absolut wertlos" sind.[125] Eine moderierende, doch ebenfalls kritische Einschätzung findet sich bei Augustin Yánez, wenn er über Las Casas sagt: „It must be said again and again Las Casas was not a historian but an apologist. A fervent apologist, full of fixed ideas an phrases in whose service he employed all that seemed useful."[126]

Abbildung 10: Bartholome de las Casas mit den Indios[127]

[124] König: Bartholomé de las Casas der Historiker, S. 327.

[125] Eduard Fuerter (Hg.): Geschichte der neuen Historiographie, München/Berlin 1936, S. 298, zit. nach: Hans Jochim König: Bartholmé de las Casas der Historiker, S. 328.

[126] Augustin Yánez: Fray Bartholomé de las Casas. El conquistador conquistado. México 1941, S. 33; zit. nach: Hans Jochim König: Bartholmé de las Casas der Historiker, S. 328.

[127] http://www.dominicos.org/grandes-figuras/personajes/bartolome-de-las-casas/recomendaciones-a-los-misioneros (entnommen am 14.7. 2011).

Sicherlich besaß Las Casas politisches und rhetorisches Talent und geeignete Kontakte, um einige seiner Ziele erreichen zu können und in der Öffentlichkeit durch seine polemisierenden Schriften und Vorträge Aufmerksamkeit für die Indioproblematik zu erregen. Jedoch wurde Las Casas nicht ohne Grund wegen seiner polemisierenden und einseitigen Darstellung der Problematik heftig opponiert.[128] Im Gegensatz zu Pedro Cieza de Léon, der die heidnischen Unsitten der Indios nicht verhehlte, entwirft Las Casas ein nur ins Positive gewendete Pauschalbild der Indios. Diese rein positive Sichtweise machte seine Arbeit für die Zeitgenossen jedoch unglaubwürdig. „Indem er die Vielfalt ausließ, erschwerte er eine offene Begegnung mit den Indios und ein Verständnis ihrer Eigenarten."[129] Seine Chroniken gaben sich bei der Charakterisierung der Indios leider nur mit Oberflächlichem zufrieden. Las Casas wurde sicherlich von lauteren Beweggründen angetrieben und verfolgte seine selbstlosen Ziele bis zu seinem Tod. Jedoch neigte er zu Übertreibungen, welche in den weit übersteigerten Zahlenangaben in seiner *Brevisima relación de la destrución de las Indias* wiederzufinden sind.[130]

4.1.2 Petrus Mártyr de Anghiera und Gonzalo Fernández de Oviedo

Das positive Bild der Indios, das aus Bartholomé de Las Casas Schriften resultiert, wird von den meisten spanischen Chroniken ins Negative verzerrt. Vor allem zeigen dies die Chroniken von Mártyr de Anghiera und Gonzalo Fernández de Oviedo. Als Historiograph war Petrus Martyr de Anghiera einer der wichtigsten Zeugen der Entdeckung und Eroberung von Zentral- und Südamerika durch die Spanier. In diesem Zusammenhang sammelte er zahlreiche Dokumente und Berichte. Die Ergebnisse seiner Forschungen publizierte er in „Decades". Im Jahre 1530 wurden die insgesamt acht Dekaden in Alcalá kollektiv veröffentlicht.[131] Sie bieten wertvolles Material zur Geschichte der Entdeckung und Eroberung der Neuen Welt. Die ersten drei Dekaden bilden „De orbe novo" und berichten über die Reisen von Kolumbus, Martin Alonzo Pinzón, Alonso de Ojeda, Diego de Nicuesa, Vasco Núñez de Balboa und Pedrarias Dávila. „De legatione babylonica libri III" beschreibt seine Abenteuer in Ägypten und erschien zusammen mit „De orbe novo" als *De orbe novo*

---

128 Bigorajski: Bartholomé de las Casas in: http://www.laconquista.de/conquista/biographien/casas.htm (eingesehen am 3.7.2011).

129 Hans Joachim König: Verständnislosigkeit und Verstehen, Sicherheit und Zweifel – Das Indiobild spanischer Chronisten im 16. Jahrhundert in: Die Kenntnis beider Indien im frühneuzeitlichen Europa, hg. v. Urs Bitterli, Bamber 1988, S. 58.

130 Bigorajski: Bartholomé de las Casas in: http://www.laconquista.de/conquista/biographien/casas.htm (eingesehen am 3.7.2011).

131 Walter Höflechner: Martyr de Angjiera Petrus* 1457 Arona am Lago Maggiore—† 1526 Granada in: http://www-gewi.uni-graz.at/cocoon/barch/get?pid=wissg-b-072-161 (eingesehen am 16.7.2011)

decades cum Legatione Babylonica. Im Jahre 1521 erschien die vierte Dekade, welche von den Reisen Francisco Hernández' und Hernán Cortés berichtet. Zwei Jahre später wurde die fünfte Dekade publiziert. Dort berichtet Anghiera von der Eroberung Mexikos und von der Weltumsegelung Magellans. Schon ein Jahr später folgte die sechste Dekade, die von den Entdeckungen Dávilas an der amerikanischen Westküste handelt. 1525 erschien die siebte Dekade, in der von den Gebräuchen und Sitten der Eingeborenen in South Carolina, Florida und anderen Regionen der Süd-Ost-Küste Nordamerikas die Rede ist. Im selben Jahr wurde die letzte Dekade veröffentlicht, die ausschließlich von den Eroberungszügen des Hernán Cortés berichtet.[132] Seine Kenntnis erwarb Petrus Martyrus Anghiera nicht durch zahlreiche Expeditionen oder Eroberungszüge, sondern nur durch seine exponierte Stellung am königlichen Hof. Als Mitglied des Indienrates und als Vertrauter der spanischen Könige hatte er Zugang zu mündlichen und schriftlichen Augenzeugenberichten, die über die Ereignisse in der Neuen Welt Auskunft gaben. Obgleich er selbst niemals in die Neue Welt reiste, füllte er Zeilen seiner „Decades" mit diesen Berichten und gilt als erster Historiker Amerikas.[133] In seinen Werken unterschlägt Anghiera nicht die kulturellen und handwerklichen Leistungen der amerikanischen Ureinwohner, beschreibt jedoch auch ihre kannibalischen Sitten und Gebräuche. Er übernahm in seinen Ausführungen die Bewertung des Dominikanermönches Tómas Ortis, der Indios mit Tieren gleichstellt, und begründet seine Ansicht damit, dass sie jenseits von jeder Zivilisation seien, die man in Europa kannte.[134] Mit seinem Werk bestätigt er das gängige Bild der amerikanischen Ureinwohner, welches in den zeitgenössischen Medien präsent war: das Bild von untergeordneten Geschöpfen, die wegen ihres Kannibalismus als Kinder des Teufels galten und zu Ehren des Christentums getötet werden sollten.[135] Dieses Bild zog Konsequenzen nach sich. „Man misshandelte und quälte die Eingeborenen, hielt sie zur Unterhaltung und entledigte sich ihrer, wenn man ihrer überdrüssig war".[136]

Dieses Indio-Bild teilte auch Gonzalo Fernández de Oviedo. Im Unterschied zu Petrus Martyrus de Anghiera wurde Gonzalo Férnandez de Oviedo durch seine beruflichen Tätigkeiten in die Neue Welt geführt und gewann dadurch seine Informationen aus erster Hand. Schon im Jahre 1514 wurde Oviedo zum Aufseher der Goldschmelzen von Santo

---

132 Michael Reid: Petrus Martyrus Anghiera in: http://mundus-novus.wikispaces.com/Petrus+Martyr (eingesehen am 16.7. 2011).
133 König: Das Indiobild spanischer Chronisten im 16. Jahrhundert, S. 42.
134 Pedro Mártir Angleria: Decadas, 7. Dekade, Buch IV; Bd. II, S. 99ff.
135 Georg Bremer (Hg.): Unter Kannibalen, die unerhörten Abenteuer der deutschen Konquistadoren Hans Staden und Ulrich Schmidel, Schweizer Verlaghaus, Zürich 1996, S. 156
136 Ebd.

Domingo ernannt. Zwölf Jahre später übernahm er den Posten als königlicher Berichterstatter für Westindien. Seine Aufgabe bestand darin, die Behörden über die politischen und wirtschaftlichen Verhältnisse in den Kolonien aufzuklären. Im Jahre 1526 bekleidete er das Amt des Gouverneurs von Antigua. Sein Wissen, das er auf seinen Reisen erlangte, veranlasste die spanische Krone, ihn 1532 zum offiziellen Historiographen des spanischen Hofes zu ernennen. In den Jahren 1535–1552 entstand sein 20bändiges Hauptwerk *La historia general y natural de las Indias, islas y tierra-firme del mar océano*. Seine Expeditionen in die Neue Welt bilden eine wichtige Voraussetzung für die Glaubwürdigkeit seiner detaillierten Dokumentation.[137] Jedoch sind seine Schilderungen der Indios als Barbaren und seine Negierung ihrer Humanität in hohem Maße abwertend und einseitig. Ihr äußeres Erscheinungsbild beschrieb er folgendermaßen:

> „Ihre Köpfe sind nicht dick wie die der anderen Menschen, sondern ihre Schädel sind derart dickknochig, dass die Christen beim Kampf ganz besonders achtgeben müssen, ihnen nicht auf die Köpfe zu schlagen, ansonsten ihre Schwerter brechen."[138]

Aufgrund ihrer Schädelform stellte er die Indios mit Tieren gleich.[139] Ein Holzschnitt aus seiner *Historia general y natural de las Indias* weist die typischen Merkmale der zeitgenössischen Darstellung von Indianern auf.

Abbildung 11: Goldwaschende Indios. Holzschnitt aus der Historia general y natural de las Indias de Gonzalo Fernández de Oviedo, 16. Jahrhundert[140]

---

[137] Josef Bordat: „Oviedo y Valdés, Gonzalo Fernández de", *in: Biographisch-bibliographischen Kirchenlexikon, Bd. XXIX, Sp. 1028 - 1032.*

[138] Fernández de Oviedo: Historia general y natural de las Indias, übersetzt und hg. von Sterling Aubrey Stoudemire, Chapel Hill: Univ. of North Carolina Pr. 1959, Bd.1, S. 111.

[139] Ebd. S. 111.

[140] http://de.wikipedia.org/wiki/Fernandez_de_Oviedo.

Das Bild zeigt den unzivilisierten, nackten Wilden, der in einer außergewöhnlich fruchtbaren und ausladenden Natur lebt. Besonders hervorgehoben wird die Wildheit der Landschaft sowie des Menschen. Im Hintergrund des Bildes wird die Wildnis abgebildet. Man erkennt ein hügeliges und unwegsames, von verschiedenen Baumarten bewachsenes Gebiet, das keinerlei Zeichen zivilisatorischer Eingriffe zeigt. Im Vordergrund des Bildes befindet sich ein Fluss, an dessen Ufer sich mehrere Hügel erheben. Die wilde Landschaft umrahmt drei Indianer, die das Zentrum des Bildes bilden. Sie bearbeiten die Natur mit einfachsten Werkzeugen, erscheinen selbst aber eher als Teil der Wildnis. Das Bild selbst, aber auch der begleitende Text lässt darauf schließen, dass die Indios der Arbeit lediglich auf Geheiß der spanischen Kolonisatoren, nicht jedoch aus eigener Entscheidung nachgehen. Dafür spricht ihre Darstellung als Teil der umgebenden Natur. So wird insbesondere ihre Nacktheit als Zeichen des wilden Mannes hervorgehoben. Die Indianer auf der linken sowie rechten Seite des Bildes sind unbekleidet. Der Indianer in der Mitte des Holzschnittes trägt lediglich ein zusammengeknotetes Tuch, welches seinen Schambereich bedeckt. Die ungepflegten Haare unterstreichen den Mangel an Hygiene. Im Gegensatz zu zahlreichen Darstellungen, die Indianer bei kannibalistischen Zeremonien zeigen, steht hier die Arbeit der Indianer im Vordergrund. Jedoch werden sie nicht als eifrige Arbeiter dargestellt, sondern als trotzige und gelangweilte Wilde. Die Mimik des mittleren Indianers zeigt seinen Unwillen, der Arbeit der Goldwäsche nachzugehen. Die beiden anderen Indianer zeigen nur mangelnden Arbeitswillen und sind in Gedanken versunken. Die Mimik der Indianer untermalt die Ausführungen Oviedos in seiner *Historia general*:

> „Für sich allein genommen sind diese Indios wenig wert; schon geringe Arbeitsanstrengungen lassen sie sterben oder in die Berge verschwinden. Denn ihre hauptsächliches Streben (– und so haben sie sich immer verhalten, auch bevor die Spanier kamen –) war zu essen, zu trinken, zu schlemmen, ihre Wollust zu befriedigen, Götzendienst zu betreiben und viele andere bestialische Schmutzigkeiten auszuüben.“[141]

Mit diesen Aussagen spricht Oviedo den Indios jede menschliche zivilisatorische Qualität ab. Seine Darstellung in der *Historia general* galt im damaligen Europa als authentisch und objektiv. Dabei ist zu bedenken, dass Oviedo bei seinen Ausführungen auf eine wohlwollende Rezeption seiner Auftraggeber hin orientiert war. Daher ist vor allem bei ihm eine positive Haltung gegenüber dem Vorgehen der spanischen Krone zu vermerken. Seine Schilderungen der Sitten und Gebräuche der Ureinwohner Amerikas, wie ihrer Nacktheit, ihres Kannibalismus und ihrer Abgötterei, diente nicht zuletzt dem Zweck, die Eroberung zu

---

[141] Fernández de Oviedo: Historia General, Bd. 1, S. 95.

legitimieren und die anschließende Missionierung der primitiven Völker zu untermauern.[142] Angezweifelt und bekämpft wurden seine Ausführungen von Bartholomé de Las Casas und seinen Mitstreitern. Im Disput um die Legitimation der spanischen Herrschaftspraxis in den Kolonien, der zwischen Juan Ginés de Sepúlveda und Bartolomé de Las Casas im Rahmen der Junta de Valladolid (1550–1552) ausgetragen wurde, galt Oviedos Darstellung als Referenz. Während Sepúlveda seine kolonistische Position auf Oviedos Darstellung stützt, wirft Las Casas Oviedo vor, sein Werk enthalte „ebenso viele Lügen wie Seiten".[143]

4.1.3 Hérnan Cortés

Einen bedeutenden Beitrag über die Neue Welt lieferte auch Hernán Cortés. Im Gegensatz zu den anderen bisher genannten spanischen Chronisten beziehen sich Cortés` Ausführungen nicht auf die primitiven Stämme, die an den Küsten des südamerikanischen Kontinents und auf den Inseln lebten, sondern auf die andinen Hochkulturen. Im Jahre 1519 stellte sich Cortés an die Spitze einer Expeditionsflotte, um ohne offiziellen Auftrag das 200.000 Quadratkilometer große Aztekenreich zu erobern.[144] Um seine Vorhaben zu legitimieren, schrieb Cortéz von 1520 bis 1526 an Karl V. die sogenannten *Cartas-Relaciones.* Darin schildert Cortéz chronologisch und minutiös die Unternehmen der Conquista des Aztekenreichs mit allen Schwierigkeiten, Gefahren, persönlichen Opfern, erfolgreichen diplomatischen Unternehmungen, militärischen Siegen, aber auch Niederlagen.[145] Cortés war somit sein eigener Chronist. Sein Anliegen, das Aztekenreich in den Herrschaftsbereich der spanischen Krone einzugliedern und es als neues Kaisertum zu etablieren, zeigt sich schon in dem ersten Brief, den Cortés an Karl V. schrieb. Neben der Conquista steht dort gleichberechtigt das Vorhaben der „pacificación". Hervorzuheben ist dabei die juristische Vorstellung einer „pax hispanica" in Analogie zur „pax romana".[146]

---

142 König: Bartholomé de las Casas, S. 334.

143 Josef Bordat: „Oviedo y Valdés, Gonzalo Fernández de", *in: Biographisch-bibliographisches Kirchenlexikon, Bd. XXIX, Sp. 1028 - 1032.*

144 König: Die Entdeckung und Eroberung Amerikas, S. 106.

145 Wolf Lustig: Hernán Cortes (1485 – 1547) in: http://www.staff.uni-mainz.de/lustig/texte/antologia/cortes.htm (entnommen am 20.7. 2011).

146 Ebd. Segunda carta-relación de Hernán Cortés al Emperador Carlos V.
Segura de la Frontera 30 de octubre de 1520
Enviada a su sacra majestad del emperador nuestro señor, por el capitán general de la Nueva España, llamado don Fernando Cortés, en la cual hace relación de las tierras y provincias sin cuento que ha descubierto nuevamente en el Yucatán del año de diez y nueve a esta parte, y ha sometido a la corona real de Su Majestad. En especial hace relación de una grandísima provincia muy rica, llamada Culúa, en la cual hay muy grandes ciudades y de maravillosos edificios y de grandes tratos y riquezas, entre las cuales hay una más maravillosa y rica que todas, llamada Tenustitlan, que está, por maravilloso arte, edificada sobre una grande laguna; de la cual ciudad y provincia es rey un grandísimo señor llamado Mutezuma; donde le acaecieron al capitán y a los españoles espantosas cosas de oír. Cuenta largamente del grandísimo señorío del dicho Mutezuma, y de sus ri- tos y ceremonias y de cómo se sirven. Muy alto y poderoso y muy

Die erfolgreichen Unternehmungen von Hernán Cortéz waren vor allem vom Aberglauben der Ureinwohner begünstigt, den sich Cortéz zunutze machte. Denn im aztekischen Aberglauben kursierte eine Sage, nach der Quetzalcoatl, der weißhäutige Gottkönig, vor langer Zeit nach Osten geflohen sein soll, mit dem Versprechen, eines Tages vom Meer her zurückzukehren und sein altes Reich wieder in Besitz zu nehmen. Kurioserweise landete Cortéz genau in dem Jahr an der aztekischen Küste, in dem der Gottkönig nach dem aztekischen Kalender zurückkehren sollte. Dieser Zufall bewirkte, dass Montezuma II., König der Azteken, in Cortéz den einst vertriebenen Gott Quetzalcoatl zu erkennen glaubte.[147] Eine aztekische Quelle beschreibt dieses Ereignis: „Es ist unser Fürst Quetzalcóatl, der gekommen ist. Denn so war sein Wille gewesen, dass er wiederkommen wird, dass er herkommt, seinen Thron wieder einnehmen wird, weil er nach Osten gegangen war, als er fortzog.“[148] Hernán Cortés wusste durch seine Dolmetscher um die Legenden und Dämonenglauben der Eingeborenen und wies seine Männer an mit den Pferden und Kanonen zu reden und sie so als geisterhafte Wesen darzustellen, um die Eingeborenen weiter zu verängstigen und in ihrem Glauben zu bestätigen.[149]

In seinem Glauben gefangen, machte Montezuma dem vermeintlichen Gott großzügige Geschenke und veranlasste die Spanier dadurch, ihre Goldsuche in seinem Reich fortzusetzen. In seinen Berichten schildert Cortéz einerseits den unermesslichen Reichtum des aztekischen Reiches, seine architektonischen Meisterleistungen und die überwältigende Hofhaltung Montezumas II. Andererseits konnte er die Religion der Azteken, der er den kampflosen Einzug in Tenochtitlán verdankte, nur im Deutungsmuster einer vorneuzeitlichen Weltauffassung verstehen und bezeichnete ihre Rituale daher als Teufelswerk. Seine Schilderungen der grausamen rituellen Menschenopfer mit den Herzamputationen zu Ehren der Sonne besiegelten den Untergang der Azteken. Zweifellos haben seine Darstellungen schon aufgrund seiner Rolle als Eroberer des Aztekenreiches in die zeitgenössische Presse

---

católico príncipe, invictísimo emperador y señor nuestro: En una nao que de esta Nueva España de vuestra sacra majestad despaché a diez y seis días de julio del año de quinientos y diez y nueve, envié a vuestra Alteza muy larga y particular relación de las cosas hasta aquella sazón, después que yo a ella vine, en ella sucedidas. La cual relación llevaron Alonso Hernández Portocarrero y Francisco de Montejo, procuradores de la Rica Villa de la Vera Cruz, que yo en nombre de vuestra alteza fundé. Y después acá, por no haber oportunidad, así por falta de navíos y estar yo ocupado en la **conquista y pacificación** de esta tierra, como por no haber sabido de la dicha nao y procuradores, no he tornado a relatar a vuestra majestad lo que después se ha hecho; de que Dios sabe la pena que he tenido. Porque he deseado que vuestra alteza supiese las cosas de esta tierra, que son tantas y tales que, como ya en la otra re- lación escribí, se puede intitular de nuevo emperador de ella, y con título y no menos mérito que el de Alemaña, que por la gracia de Dios vuestra sacra majestad posee. Y porque querer de todas las cosas de estas partes y nuevos reinos de vuestra alteza decir todas las particularidades y cosas que en ellas hay y decir se debían, se- ría casi proceder a infinito.

147 König: Die Entdeckung und Eroberung Amerikas, 117ff.

148 Zit. nach: König: Die Entdeckung und Eroberung Amerikas, S. 119.

149 Ebd.

Eingang gefunden und haben das damalige Weltbild geprägt.[150] Ein Titelholzschnitt der „Newen Zeitung“ von Augsburg aus dem Jahr 1522 enthält die erste Darstellung der aztekischen Hauptstadt Tenochtitlán, die außerhalb von Spanien gedruckt wurde. Der Holzschnitt untermalt die Ausführungen des Hernán Cortés. Er zeigt die Inhumanität der Ureinwohner, die Kinder opfern. Solche Darstellungen dienten Cortéz als Rechtfertigung dafür, die Azteken zu töten und zu berauben. Sie legitimierten das Massaker an Millionen von Indios und dienten als Propaganda, um die unmenschlichen Taten Spaniens vor der Welt zu rechtfertigen.[151]

Abbildung 12: Aztekische Kinderopfer. Titelholzschnitt der Newen Zeittung. von dem lande. das die Spanier funden haben ym 1521. iare, genant Jucatan, Augsburg 1522[152]

Gleichzeitig bekräftigen sie das Bild vom grausamen, unmenschlichen und heidnischen Wilden, das sich in Europa immer mehr manifestierte. Während die spanischen Darstellungen in ganz Europa verbreitet wurden, blieben die aztekischen Berichte über die Eroberung und das Verhalten der Spanier unveröffentlicht. Erst im 19. Jahrhundert wurden die Darstellungen der Öffentlichkeit allmählich zugänglich gemacht. Eine aztekische Zeichnung aus dem 16. Jahrhundert zeugt von dem Bild, das sich die Azteken von den Spaniern machten.

150 Zit. nach: König: Die Entdeckung und Eroberung Amerikas, S. 110.
151 Brendich: Amerika, S.28
152 Ebd.

Es erinnert an die Kämpfe, die zwischen den Spaniern und den Azteken ausgefochten wurden. Auffällig an dieser Zeichnung ist die andersartige Darstellung der Indianer. Sie sind mit prächtigen Kleidern ausstaffiert. Zusätzlich schmücken noch viele Vogelfedern ihre Häupter und Waffen. Im Gegensatz zu den Spaniern sind sie mit Pfeil und Bogen bewaffnet. In der Mitte des Bildes erscheint ein paradiesischer Vogel, dessen Federn dem Schmuck der Indianer gleichen. Oben rechts werden die Spanier gezeigt, von denen einer möglicherweise Hernán Cortes darstellt. Sie werden auf Pferden und mit Schwertern bewaffnet abgebildet. Unten links sieht man einen zerteilten Körper, in der oberen Hälfte befindet sich mittig ein lebloser Körper, der an einen Marterpfahl gebunden ist. Beide Leichen stehen exemplarisch für die vielen zu beklagenden Todesopfer.

Abbildung 13: Azteken gegen Spanier[153]

Die vorgelegten Beispiele lassen das primäre Problem der damaligen Zeit erkennen, nämlich die Schwierigkeit, sich ein sachliches Bild von den Indios zu machen. Einerseits werden diese als Barbaren bar jeder Zivilisation bezeichnet und Tieren gleichgestellt. Andererseits werden sie als friedfertige und missionsbedürftige Menschen dargestellt.

Ein allmählicher Wandel zu einem reflektierten Umgang mit kultureller Differenz ist in den Schriften von Chronisten, Reiseberichterstattern und auch Auswanderern jedoch durchaus feststellbar. Francisco López de Gómara war der Sekretär von Hernán Cortés und ist vor allem für sein Werk *Primera y segunda parte de la historia general de las Indias* bekannt, in dem er die im 16. Jahrhundert von Hernán Cortés durchgeführten Expeditionen zur Eroberung der Neuen Welt beschreibt. In seiner Schrift benennt er zwei Spanier, die exemplarisch zwei Möglichkeiten repräsentieren, in der außereuropäischen Fremde mit der

[153] Nancy Fitch: http://faculty.fullerton.edu/nfitch/nehaha/ballies.htm (entnommen am 23.7.2011).

europäischen Identität umzugehen. Jerónimo hat sich äußerlich seiner neuen Umgebung angepasst, gleicht optisch einem Indianer, ist aber innerlich Christ geblieben. Diese Figur steht im Gegensatz zu Gonzalo Guerro, der sich in eine Indianerin verliebte, mit ihr Kinder zeugte, sich aber für seine Zuneigung zu einer Indianerin und für seine äußerliche Anpassung an die Indios schämte. Jerónimo integriert sich vollständig und aufrichtig in die fremde Umgebung, denn er erkennt in dieser keinen Widerspruch zu seiner christlichen Identität und kann sich daher auch vollkommen integrieren. Damit steht er stellvertretend für jene Tendenzen der Amerika-Rezeption, die in den Indianern vernunftbegabte Abkommen Adams sah, zu denen es auch aus christlicher Sicht keine unüberbrückbaren Differenzen geben konnte. Gonzalo Guerro dagegen vermag nicht, sich zu integrieren und die indianische Kultur zu akzeptieren.[154] Seine Auffassung der Indios lässt dies nicht zu. Gleichzeitig aber findet seine Assimilation dennoch statt und seine vermeintliche Orthodoxie erweist sich angesichts seiner realen Situation als inadäquat. „Die Möglichkeiten, in der außereuropäischen Fremde mit der europäischen Fremde umzugehen, verdeutlichen diese Beispiele und markieren eine Schwellensituation der spanischen Conquista und eine Schwellensituation in Gómaras Panegyrikos der Taten des Cortés."[155] Der Umgang mit dem Fremden wird von Gómara auf hohem Niveau reflektiert und in dieser Reflexion selbst deutet sich die Ausformung eines modernen, nichtdichotomischen Weltbildes an.

Bei den erwähnten Ausschnitten der verschiedenen Chroniken zeigt sich eine Modellierung der Wahrnehmung in zweifacher Weise. So findet zum einen eine Wandlung des europäischen Subjekts in seiner Position bezüglich des Fremden statt. Bei Anghiera und Oviedo sowie bei Cortés löste die Wahrnehmung der Ureinwohner Befremden aus. Es kam zu Reaktionen, die dazu führten, das Gesehene als verwunderlich jenseits der eigenen Grenzen, außerhalb der Kultur und Zivilisation zu verorten. Der nackte Wilde wurde zum Musterbeispiel für fehlende Zivilisation, was vor allem Abwehr hervorrief. In den Werken von Las Casas und de Léon zeigt sich, dass die Wahrnehmung zunächst ohne negative Wertung zur Kenntnis genommen wurde. „Das europäische Subjekt tritt dem Neuen mit Offenheit gegenüber und versteht die Abweichung der Indianer von der gewohnten Norm nicht als Zeichen ihrer Nichtmenschlichkeit oder einer absoluten moralischen Verwerflichkeit und Sündhaftigkeit."[156] Andererseits kommt es auch zur Wandlung der Position des europäischen Subjekts gegenüber seiner eigenen Kultur; es bahnt sich ein Wandel des Weltbildes

---

[154] Christian Kiening: Das wilde Subjekt. Kleine Poetik der Neuen Welt, hg. von Gadi Algazi, Berhard Jussen, Christian Kiening u.a., Bd. 9. Vandenhoeck&Ruprecht, Göttingen 2006, S. 56.

[155] Ebd.

[156] Ebd.

an. So stützte man sich nicht mehr auf die Werke der antiken Autoren, sondern bildete sich ein eigenes Urteil. „Ganz im Sinne von Bacons wissenschaftlichem Weltbild verlor die in der Vergangenheit verankerte Tradition allmählich ihre Deutungshoheit, wie der Bericht von Gómara mit seiner kritischen Hinterfragung einer inflexiblen, in der alten Weltordnung verankerten Position zeigt.“[157] Dabei erheben zwar alle Autoren für sich den Anspruch auf Objektivität. Denn sie schreiben nicht auf der Basis von fremden Berichten, sondern vorgeblich aus ihrer persönlichen Wahrnehmung heraus.[158]

Dennoch zeigt sich bei vielen ein Festhalten an tradierten Normen. Angleria und Oviedo sowie Cortés hatten Schwierigkeiten, die Indios als gleichwertige Menschen anzuerkennen, da sie deren Lebensweise und Äußeres nicht mit ihren abendländisch-christlichen Wertvorstellungen vereinbaren konnten. Diese Einstellung änderte sich auch dann nicht, als Papst Paul III. 1537 in einer Bulle den Indios den Status von Menschen bescheinigte.[159] Doch sind diese an tradierten Normen orientierten Wertungen häufig utilitaristischer Natur: Sie sollten die Inbesitznahme der Neuen Welt durch die spanische Kolonialmacht rechtfertigen. In dieser Hinsicht ist die alte, vorneuzeitliche Weltordnung, die aus den Darstellungen spricht, vielleicht doch mehr ganz verpflichtend. Die Chronisten waren schließlich nicht dazu beauftragt worden, ethnologische Untersuchungen durchzuführen, sondern die Eigenarten der Region auszukundschaften, damit ein Kolonialreich aufgebaut werden konnte. Daher sind die Berichte von politisch-administrativer Natur und bezüglich der Charakterisierung der Indios relativ oberflächlich.[160] Abgesehen von Bartholomé de las Casas Werk *Kurzgefasster Bericht über die Zerstörung der Indios* dokumentierten die Chronisten die Überlegenheit der Spanier und bestätigten deren Rechte als Eroberer. Sie gingen selten auf regionale und kulturelle Unterschiede bei den Indios selbst ein und zeichneten von ihnen ein lediglich umrissartiges Bild. Dabei entwarfen sie über weite Strecken ein negatives Bild von den Indios, da das Leben und die Kultur der Indios von ihrer allgemeingültigen europäischen Norm abwichen.

---

[157] Christian Kiening: Das wilde Subjekt. Kleine Poetik der Neuen Welt, hg. von Gadi Algazi, Berhard Jussen, Christian Kiening u.a., Bd. 9. Vandenhoeck&Ruprecht, Göttingen 2006, S. 56.

[158] Oviedo distanziert sich von Mártir, da jener die Neue Welt nicht mit eigenen Augen gesehen hat, vgl. Historia General, Bd. 2, S. 34.

[159] Zur Bulle „Sublimus Deus“ Papst Pauls III. siehe Lewis Hanke: Pope Paul III and the American Indians, in: Harvard Theological Review 30 (1937), S. 65–102.

[160] König: Das Indiobild spanischer Chronisten im 16 Jahrhundert, S. 60.

4.2 Das Indiobild aus deutscher Sicht

Deutsche Reisende spielten keine zentrale Rolle in der Geschichte der Entdeckung und Eroberung der Neuen Welt im 16. Jahrhundert. Das mag zum Teil daran liegen, dass die Deutschen mit den Wirren der Reformationszeit beschäftigt waren, es an einer durchsetzungsstarken Zentralmacht fehlte und die geographische Beschaffenheit des Landes Fernreisen nicht begünstigte. Eine Kolonialpolitik Deutschlands bildete sich erst im 19. Jahrhundert heraus. Die übertriebenen Berichte über das Goldland El Dorado, die vor allem auf den Jahrmärkten verbreitet wurden, schürte das Verlangen nach den vermeintlichen Reichtümern der Neuen Welt vor allem in den westlich gelegenen europäischen Ländern.[161] Daher ist es lediglich zufälligen Umständen zu verdanken, dass einige deutsche Reisende an spanischen oder portugiesischen Expeditionen in die Neue Welt teilnahmen und darüber berichteten. Während Spanien und Portugal um die Vormachtstellung in der Neuen Welt kämpften, begehrten deutsche Handels- und Bankhäuser auch ihren Anteil und mischten sich in die Kolonialpolitik ein. Sie beteiligten sich an Expeditionen und dienten den Mächten der Iberischen Halbinsel als Geldgeber.[162] Kaiser Karl V. überließ beispielsweise 1528 die Nutzung Venezuelas dem Augsburger Handelshaus der Welser als Pfandbesitz für gewährte Kredite. Einige Deutsche nahmen an Expeditionen in die Neue Welt teil oder traten ganz in die Dienste Spaniens und Portugals. Bartholomé de Las Casas beschrieb das Engagement der Deutschen mit folgenden Worten: „Die Deutschen wüteten schlimmer als die wildesten Tiger. Aus Habgier handelten die weit grausamer und verblendeter als all ihre Vorgänger."[163] Wenige Deutsche beschrieben ihre Wahrnehmung der Neuen Welt in Selbstzeugnissen, um aus ihrer Reise einen finanziellen Nutzen zu ziehen. Zu den wenigen namhaften deutschen Werken über die Neue Welt gehören die Berichte von Nikolaus Federmann, Ulrich Schmidl und Hans Staden. Im Jahr 1556 publizierte Hans Staden sein Americanum. Ein Jahr später folgte Nikolaus Federmanns Bericht über die militärischen Ereignisse in Venezuela und zehn Jahre später veröffentlichte Ulrich Schmidl seine Erfahrungen, die er in der Neuen Welt erlebt hatte. Es sind die einzigen Zeugnisse deutscher Amerikareisender, welche im 16. Jahrhundert nachweislich publiziert worden sind. Sie ermöglichten dem deutschen Americana-Markt erstmals eine eigendynamische Entwick-

---

[161] Gustav Faber: Vorwort zu Hans Staden, Wahrhaftigen Historia", in: Wahrhaftig Historia. Zwei Reisen nach Brasilien (1548–1555), hg. von Franz Obermeier, Westensee Verlag Kiel 2007, S. 29.
[162] Bremer: Unter Kannibalen, S. 7.
[163] Ebd. S. 11.

lung.[164] Obgleich der Anteil ethnologischer Beobachtungen in den Augenzeugenberichten unterschiedlich gewichtet ist, weisen sie alle dasselbe Klischeebild vom Kannibalen auf, das in der Öffentlichkeit präsent war. Im Folgenden wird ein kurzer Einblick in die Werke der genannten Autoren gegeben und ihre Wahrnehmung von der Neuen Welt zusammenfassend dargestellt.

4.2.1 Nikolaus Federmann

Die *Indianische Historia* von Nikolaus Federmann, die 1557 in Hagenau erschien, geht auf eine spanische Fassung zurück, die Federmann auf seinen Reisen in Venezuela schrieb.[165] Im Auftrag der Augsburger Welser reiste er 1529 in den Nordwesten von Venezuela, nach Coro. Dort wurde Federmann, von dem ansässigen Gouverneur Ambrosius Dalfinger, zu seinem Stellvertreter ernannt. Auf eigene Faust unternahm Federmann 1530/31 eine Entrada, die ihn ins nördliche Stromgebiet des Orinoco führte.[166] Sein Ziel, einen neuen Handelsweg nach Asien zu erschließen, blieb freilich unerreicht. Die Schelte, die er für sein eigenmächtiges Handeln von seinen Auftragsgebern bekam, verfehlte ihre Wirkung. Schon im Jahre 1535 zog Federmann noch einmal auf eigene Faust von Coro aus in den Süden, um das legendären El Dorado zu entdecken.[167] Im Jahre 1537 traf er in der kolumbianischen zufällig die Conquistadoren Gonzalo Jiménez de Quesada und Sebastián de Belalcazár. Um seine Ansprüche auf das dortige Neuland geltend zu machen, reiste er unverzüglich nach Spanien. Er wurde wegen Vertragsbruchs von den Welsern angeklagt und von spanischen Behörden inhaftiert.[168]

Obgleich Federmann verspricht, in seiner Schrift von den Sitten und Gebräuchen der verschiedenen Völker kundzutun, enthält sein Bericht kaum ethnographische Mitteilungen über die vorgefundenen Indianerstämme. Die Darstellung ihres Erscheinungsbildes ist zunächst sehr undetailliert und nur allmählich und sporadisch erfährt der Leser etwas über ihre Lebensverhältnisse. Selbst das zentrale Thema der frühneuzeitlichen Reiseberichte, der Kannibalismus, wird nur am Rande erwähnt. Worin ist diese mangelnde Beschreibung ethnographischer Merkmale begründet? Federmann war kein Wissenschaftler, sondern

---

164 Annerose Menninger: Die Macht der Augenzeugen, Neue Welt und Kannibalen-Mythos 1492 - 1600, Beiträge zur Kolonial-und Überseegeschichte, hg. von Rudolf von Albertini und Eberhard Schmitt, Bd. 64, Franz Steiner Verlag Stuttgart 1995, S. 62.

165 Harbsmeier: Wilde Völkerkunde, S.89.

166 Burkhard Schröder: Die Eroberung Venezuelas. Indianische Historia (1)–Prolog, in: http://www.burks.de/forum/phpBB2/viewtopic.php?p=20130

167 Ebd.

168 Menninger: Die Macht der Augenzeugen, S. 67.

Soldat. Er war als General für die Expedition nach Venezuela verantwortlich und verfasste in diesem Zusammenhang einen Rechtfertigungsbericht. Daher verwundert es nicht, dass sein Bericht von militärischen und strategischen Absichten geprägt, politisch-ökonomisch ausgerichtet ist und daher kaum Auskunft über die Sitten und Gebräuche der Ureinwohner erteilt. Interessant an Federmanns Bericht ist vor allem die neue Weltoffenheit, die aus seiner Vorgehensweise spricht. Federmann war sich darüber im Klaren, dass er in der Neuen Welt auf die lokale Unterstützung sowie auf Allianzen angewiesen war, um sein Unternehmen, die indianischen Stämme zu unterwerfen und in den Machtbereich der spanischen Krone zu bringen, erfolgreich durchführen zu können. Das gelang ihm durch eine raffinierte Strategie. Er sorgte einerseits dafür, dass die Indianer seine Truppen nicht als Feinde betrachteten. Andererseits war er bemüht, seine Truppen davon zu überzeugen, sich der Unterstützung der Indianer durch Verzicht auf grundlose Gewalt zu versichern, ohne jedoch großes Vertrauen in die mit ihnen geschlossen Allianzen zu setzen.[169] Dabei erweiterte Federmann den Umgang mit Freund und Feind um eine zusätzliche Dimension: „den Umgang mit Freundes Feind und Feindes Freund.“[170] Er nahm die Indios also als strategisch denkende Individuen wahr und betrieb eine Form der Diplomatie, wie sie ihm aus dem europäischen Kontext bekannt war, musste aber gerade dabei ihre Eigenheiten möglichst unparteiisch wahrnehmen. Ich stimme mit Harbsmeier überein, der Federmanns *Indianische Historia* folgendermaßen beurteilt:

> „Die Neue Welt wird in Federmanns Bericht nicht in Form statisch-deskriptiver Exkurse oder ausführlichen Listen und Verzeichnisse der dort vorfindbaren Wunder und Seltsamkeiten dargestellt. [...] Dennoch bezieht sich auch dieser Reisebericht auf eine reisend erfahrene andere Welt in einem emphatischen Sinne des Wortes: die Welt der ‚Naturales' oder ‚Indios', in der wertlose Geschenke und für den Transport nutzlose Pferde einen so radikal anderen Wert und eine völlig andere Bedeutung haben konnte.“[171]

Entdecken und erfahren konnte Federmann bei dieser Form der Interaktion mit den Indios allerdings nur, was von Relevanz für sein Vorhaben war. Er erwähnt das Vorkommen von Kannibalismus, geht aber nicht näher auf das Leben und die Kultur der Indios ein, da sein zentraler Beweggrund für das Verfassen dieses Berichtes ein anderer war.

---

[169] Harbsmeier: Wilde Völkerkunde, S. 90ff.
[170] Harbsmeier: Wilde Völkerkunde, S. 92.
[171] Ebd., S. 91.

4.2.2 Hans Staden

Obgleich die Americana sich untereinander unterscheiden, zeichnet sich in diesen Werken eine deutliche Gemeinsamkeit ab. Sie sind von Augenzeugen geschrieben und vermitteln den Lesern, entsprechend der Wahrnehmung und Auffassung der damaligen Zeit, möglichst authentisch die Neue Welt. Die Wahrnehmung ist zwar geprägt von der materiellen Gewinnsucht, dem Eroberungsgedanken und der christlichen Mission sowie von der angenommenen Überlegenheit der Europäer über die Indios. Jedoch ist in allen Reiseberichten ein eindeutiger Wandel zu erkennen. Die Lehren der antiken Autoren verblassen. Anstelle der bisherigen Autoritäten treten die Augenzeugenberichte und die neuen wissenschaftlichen Erkenntnisse. Das neue Weltbild konstruiert sich in der Eröffnung neuer Räume und löst die traditionellen Kosmos-Vorstellungen auf. Das europäische Subjekt gewinnt Weltoffenheit und erkennt das Fremde als Teil einer einheitlichen und potentiell unendlichen Welt an. Dieser Wandel zeichnet sich vor allem im Reisebericht von Hans Staden ab, der aufgrund seiner neunmonatigen Gefangenschaft beim Stamm der Tupinamba seine Erlebnisse aus einem anderen Blickwinkel als seine Zeitgenossen aufschreiben konnte. In seinem Text entfaltet sich die kulturelle Wandlung des Weltbildes als Prozess. Der Umstand seiner Gefangenschaft und die damit verbundene Möglichkeit, seine Informationen aus der Teilhabe an einer Kultur zu sammeln, sowie die Tatsache, dass er bei den Kannibalen nicht nur überlebte, sondern auch einen hohen Beliebtheitsgrad errang, den kein Reiseberichterstatter vor ihm innehatte, verleihen Stadens Bericht einen besonderen Status.[172] Die Informationen, die er aus der Partizipation an der fremden Kultur gewann, hielt er in seiner *Wahrhaftig Historia* fest. Der Aufbau seines Werkes, sein Erzählstil sowie der Verlauf von Stadens Begegnungen mit der fremdartigen Kultur sollen im Folgenden mitsamt der Wahrnehmung des Fremden in altüberlieferten Bildern und deren geistiger Verarbeitung nachgezeichnet werden. Der Text wirkt in seiner Konzeption originell und geschliffen und dürfte, was seine Handlungsdramatik und den Erzählstil betrifft, unter den Reiseberichten des 16. Jahrhunderts einzigartig sein. Stadens Bericht besteht aus zwei Büchern, die sich in formaler Hinsicht unterscheiden. Die beiden Teile übernehmen hinsichtlich der Berichterstattung jeweils eine gesonderte Funktion. Das erste Buch besteht aus 54 Kapiteln und handelt von seinen zwei Schifffahrten, die ihn aus Portugal und Spanien in die Neue Welt führten, sowie von seinen Erlebnissen in Übersee. In chronologischer Abfolge berichtet der Erzähler in knappen und zusammenhangslosen Einzelheiten von den verschiedenen Stationen seiner Reise bis hin zu seiner Rückkehr in die Heimat. Staden erzählt seine Erfahrungen

172 Harbsmeier: Wilde Völkerkunde, S. 97.

im ersten Buch stets in einer persönlich gehaltenen Weise. Seine fünfjährigen Erlebnisse in der Neuen Welt rekapituliert er relativ oberflächlich. Umso detaillierter und packender schildert er die Erfahrungen, die ihm während seiner Gefangenschaft bei den Tupinamba zuteilwurden. Sie bilden den Schwerpunkt seines Erlebnisberichtes. In diesem Part verknüpft das Thema Kannibalismus die einzelnen Episoden miteinander und übernimmt eine leitmotivische Rolle:[173] Er wird von Kannibalen gefangen genommen, die ihn verspeisen möchten, und muss, um nicht gegessen zu werden, die Indios auf Kriegszüge begleiten. Die Gefangenen werden wiederum vor den Augen Stadens verzehrt und die Sorge, selbst aufgegessen zu werden, ist während seines Aufenthalts sein ständiger Begleiter. Schließlich sichert er sich dank von Gott erbetener Wunder und merkwürdiger Zufälle sein Leben und wird von Franzosen gerettet. Sein Bericht zeichnet sich vor allem durch seinen eigenwilligen Erzählstil aus. Mit spannungsreichen Episoden, tragischen Dialogen und Einblendungen aus Stadens Gefühlswelt verleiht er diesem Teil einen romanhaften Charakter. Die Ich-Form bleibt im ersten Teil des Berichts präsent. Sie ist ein Garant der Wahrheit und gleichzeitig jener Fremdheit, die durch den Verzicht auf Kommentare und Vergleiche, Moralisierung und Generalisierung herausgearbeitet wird. Kiening weist darauf hin, dass „Alterität, Authentizität und Subjektivität sich wechselseitig begründen – eben weil die Vergegenwärtigung der fremden Kultur auch Vergegenwärtigung der temporären Entfremdung von der eigenen ist.“[174] Damit wendet Staden sich von dem distanzierten Erzählstil ab, der für die Gattung Reisebericht geläufig ist. Diese Art der Berichterstattung steht im völligen Kontrast zu dem zweiten Teil des Buches. Die einzelnen Kapitelüberschriften werden im zweiten Teil durchgehend als Fragen formuliert, die im nachfolgenden Text beantwortet werden. In diesen 36 Kapiteln beschreibt Staden möglichst umfassend die Sitten und den Handel der Tupinamba. Dem Thema Kannibalismus kommt auch in diesem Teil eine zentrale Stellung zu und er wird detailliert beschrieben. Die Reisebeschreibung Stadens vereint sowohl die persönliche Erzählung von den Umständen, die zu seiner besonderen Art der Fremderfahrung geführt haben, als auch die objektivierende Beschreibung einer Fremdkultur. Die Ich-Form des Erzählers, die noch im ersten Teil präsent ist, wird weitgehend getilgt. Die anschauliche ethnographische Studie über die Sitten und Gebräuche der autochthonen Bevölkerung der brasilianischen Küstenregion wird in einem sachlichen und nüchternen Stil dargelegt.[175] „Die Inkorporation, die an den Tupinamba vorgeführt wird, markiert jene Grenze, an die das erlebende Subjekt gelangt ist und von der nun das berichtende die

[173] Menniger: Die Macht der Augenzeugen, S. 73.
[174] Kiening: Das wilde Subjekt, S. 126.
[175] König: Die Neue Welt in alten Bildern, S. 97.

Repräsentation der Anderen im Text mit einer bis dahin undenkbaren Aura von Alterität und Authentizität versieht."[176] *Descriptio* und *narratio* werden in Stadens Bericht getrennt. Dem sachlich – nüchternen Stil des Reiseberichtes wird eine subjektive Befindlichkeit entgegengesetzt. Um den Erfolg des Werks trotz des verbreiteten Analphabetismus sicherzustellen und den sprachlichen Schilderungen zusätzliche Anschaulichkeit und Emphase zu verleihen, wurden ihm Illustrationen hinzugefügt, die an die ikonographischen Formen des Volksbuchs erinnern. Indem Staden in beiden Teilen des Berichts in den Illustrationen zu sehen ist, vereinen sich *descriptio* und *narratio* miteinander und führen zu einer erhöhten Textkohärenz. Dieses Novum setzt eine Genreentwicklung in Gang.[177] Eberhard Berg weist darauf hin, dass

> „jenes besondere Muster, nach dem die Verarbeitung der gesammelten Fremderfahrung im Falle Hans Stadens erfolgt, indem sie im Gegensatz die persönlich gehaltene Erzählung von der unpersönlichen, distanzierten Beschreibung deutlich getrennt hält, [...] antizipiert u. a. das erst zu Beginn des 20. Jahrhunderts aufkommende ethnographische Genre."[178]

Stadens Bericht erfreute sich nach seiner Veröffentlichung bei der Bevölkerung großer Beliebtheit und wurde in mehreren Sprachen veröffentlicht. Der von Staden gewählte Titel knüpft an jenem Interesse an barbarischen Abweichungen von der eigenen kulturellen Norm an: *Wahrhaftig Historia und beschreibung eyner Landtschaft der Wilden / nakketen / Grimmigen Menschenfresser Leuthen/ in der Newenwelt / America gelegen / vor und nach Christi geburt im Land zu Hessen unbekant / biß uff diese zunechst vergangene jar / Da sie Hans Staden von Homburg auß Hessen durch sein eygne erfahrung erkant / und Yetzo durch den truck an tag gibt.* Er erweckte die Neugier und das Interesse der potentiellen Leserschaft, da Attribute wie wild, nackt, grimmig und menschenfressend normative Grenzen evozierten und ferner beim gebildeten Publikum auch bekannte antike und mittelalterliche Bilder hervorriefen.[179] Die ersten fünf Kapitel des ersten Teils seines Buches unterscheiden sich nicht von den anderen Reiseberichten. Die Wilden werden nur am Rande mit der Aussage erwähnt, dass „sie uns essen wollten/ wenn sie uns kriegten"[180]. So kommt er zwar auf den Kannibalismus zu sprechen, auf die Sitten und Gebräuche der Ureinwohner geht Staden jedoch zunächst nicht ein. Bezüglich seiner zweiten Reise erfährt der Leser von

---

[176] Kiening: Das wilde Subjekt, S. 126.

[177] Franz Obermaier: Hans Staden und sein Brasilienbuch in: Wahrhaftige Historia. Zwei Reisen nach Brasilien, hg. von Harald Thun und Franz Obermaier, Westersee Verlag, 2007, S. 27.

[178] Eberhard Berg: „Wie ich in der tyrannischen Völcker Gewalt kommen bin", Hans Stadens Reisen in die Neue Welt, in: Der Reisebericht. Die Entwicklung einer Gattung in der deutschen Literatur, hg. von Peter J. Brenner, Suhrkamp Verlag, Frankfurt a. M. 2007, S. 180.

[179] Berg: „Wie ich in der tyrannischen Völcker Gewalt kommen bin", S. 181.

[180] Staden: Historia, 1. Teil, IV.

den Strapazen, die Staden auf seiner Überfahrt erlitten hatte, die von Überfällen bis zu Schiffbrüchen reichten. Endlich in der Neuen Welt angekommen, übernahm er den Posten eines Kanoniers auf der Insel Santa Amaro, um von seiner Festung aus die Kanalpassage vor Angriffen der Tupinamba zu schützen. Das Kernstück seines Berichts bildet jedoch seine Gefangenschaft und Befreiung, die sich vom 18. bis zum 53. Kapitel des ersten Teils seines Buches erstrecken. In diesem Zusammenhang werden seine Erlebnisse sowie die Praktiken und Riten der Tupinamba geschildert. Sie stellen das eigentliche Thema von Stadens Bericht dar. Im ersten Teil des Berichts dreht sich zunächst alles um die Frage, wie Staden gefangen wurde und bei den Kannibalen überleben konnte. Anlässlich eines bevorstehenden Besuches wollte Staden in den Wald, um das von seinem Leibeigenen erlegte Vieh für das gemeinsame Essen zu holen. Dabei wurde er von Wilden umzingelt: „es erhob sich off beyden seiten des wegs eyn groß geschrey auff der wilden leut gebrauch/ un kamen zu mir ingelauffen."[181]

Abbildung 14: Hans Staden wird im Januar 1554 auf der Insel Santo Amaro von Tupinamba-Kriegern gefangengenommen[182]

Nachdem die Wilden Staden gefangen hatten, deuteten sie ihm an, dass sie ihn verspeisen wollen, weil sie ihn für einen Portugiesen hielten:

> „Und es gieng ein König vor mir her/ mit dem Holtze damit sie die gefangenen tod schlagen/ Der predigte und sagten/ wie sie mich iren schlaven den perot (so heyssen sie den Portugaleser) gefangen hetten/ und wollten nun irer freunde tod wol an mir rechen."[183]

[181] Staden: Historia, 1. Teil, XVIII.
[182] Bremer: Unter Kannibalen, S. 39.
[183] Staden: Historia, 1. Teil, XVIII.

Abbildung 15: Staden wird im Nachbardorf Ariro dem Oberhäuptling Cunhambebe vorgeführt[184]

Staden bestätigt damit Lérys Aussage, die später noch diskutiert wird, dass die Tupinamba ihre Feinde nicht aus Gier, sondern aus Rache aßen.[185] Sein Überleben verdankte Staden sowohl seinem Geschick und der Naivität der Tupinamba als auch mehreren Glücksfällen. Um sein Leben zu erhalten, nahm Staden zunächst unfreiwillig, im späteren Verlauf willentlich an den Kriegstaten der Tupinamba teil. Damit versuchte er die Indianer davon zu überzeugen, dass er kein Portugiese war, da jene sich mit den Portugiesen bekriegten:

> „Da sagte ich inen: Ihr haltet mich für eynen Portugaleser/ eweren feindt/ gebet mir nun eynen bogen mit pfeilen/ unf lasset mich loß gehen/ so will ich euch helffen die hütten vertbedingen [...] Ich rieff und schoß und machts auff ire weiß wie ich best fondt.“[186]

Ferner hilft sein roter Bart die Stammesmitglieder in ihrem Glauben zu verunsichern, dass er ein Portugiese sei.[187] Dieser Glaube wird durch das Aushändigen seiner Waffen an seine Bewacher schließlich bekräftigt: „Er muß gewiss ein Frantzoß seyn, lasset uns inen nun fortan besser halten.“[188]

Sein Glaube an Gott ist ein weiterer Faktor, dem er sein Leben verdankt. In dieser existentiell bedrohlichen Lage besinnt sich Staden auf seine religiöse Gesinnung. Diese Rückbesinnung vermag ihm Trost und Geborgenheit zu geben: „ich fieng an mit weynenden augen zu singen auß grundt meines herzens den Psalmen: Auß tieffernot so schrei ich zu dir.“[189]

[184] Bremer: Unter Kannibalen, S. 40.
[185] Sämtliche Verweise auf Léry sind dem Kapitel: „Das Indiobild aus französischer Sicht am Beispiel „*Lérys Histoire d'un voyage*“ zu entnehmen.
[186] Staden: Historia, 1. Buch, XXIX.
[187] Ebd., XXXV.
[188] Ebd., XXXVII.
[189] Ebd., XX.

Im Gebet erlangt Staden jenen seelischen Halt, der ihm hilft diese Erlebnisse durchzustehen und zu bewältigen. Zusätzlich verleiht ihm sein Glaube an Gott in seinen Augen die Macht, von den Ureinwohnern als Prophet angesehen zu werden, und er bekräftigt in diesen Passagen, dass allein Gott ihn vor dem Tod beschützt habe. Dies wird an im Folgenden einem Beispiel dargelegt. Während seines Aufenthalts erwähnt Staden mehrere Ereignisse, die er als Wunder Gottes ansieht und die den Tupinamba Ehrfurcht vor Gott lehren. Diese Ereignisse beziehen sich beispielsweise auf vorhergesehene Kriege[190] und Todesfälle[191], abgewendete Krankheiten[192] und Unwetter[193]. Bei einem Unwetter verlangten die Tupi von Staden, dass er Gott bitten solle, sie zu verschonen: „Rede mit deinen Gott/ das uns der grosse Regen und wint keynen schaden thu." Daraufhin betet Staden:

> „du allmechtiger Gott/ du hymlischer und ertrichs gewalthaber/ der du von anbegin/ denen/ die deinen namen anruffen/ geholfen und sie erhöret hast / unter den Gottlosen/ erzeyge mit deine barmherzigteyt/ auff das ich erkennen möge/ das du noch bei mir seiest/ und du mein Gott/mein gebet erhöret hast."[194]

Nach diesem Gebet wurden die Wilden und Staden vom Unwetter erschont: „die grosse wolke vergieng/ da dankte ich gott."[195] Geschehnisse solcher Art retteten ihm wiederholt das Leben und wiesen seine Leserschaft auf seine tiefe Gläubigkeit hin und gewinnt so an Glaubwürdigkeit. Da sich die Macht seines Gottes, wie Staden annimmt, auch auf seine Gastgeber erstreckt, überlebt er nicht nur, sondern gewinnt auch deren Herzen:

> „Das er mir keyn überlast thun sollte/ oder thun lasse/ dann mein Gott were schrecklich über die/ so mir leydt thetten. Denn das hetten sie gesehen/ da ich noch bey jnen were gewesen. Und nicht thet jme auch selbs eyne vermanung/ sagte / Es würde bald mein bruder und freund verwandten kommen mit eynen schiff voll wahr/ das sie mich nur wol verwareten/ denn wolt ich jnen waar geben. Dann ich wüßte furwar/ mein Got würde meiner brüder schiffe bald her bringen. Das behagte jnen wol. Der König hieß mich sohn/ und ich gieng mit seinen söhnen auffs weydwerk".[196]

Im zweiten Teil seines Reiseberichts geht Staden ausführlich auf die Sitten und Gewohnheiten der Tupinamba ein. Er bezieht sich auf ihre privaten Verhältnisse und beschreibt ihre Wohnungen:

---

[190] Staden: Historia, 1. Buch, XLIII.
[191] Ebd., XL.
[192] Ebd., XXXIV.
[193] Ebd., XX.
[194] Ebd.
[195] Ebd.
[196] Ebd., L.

„sy sindt 2 klafftern hoch sein obern rund wie eyn keller gewelbe/ dieselbigen decken sie dick mit palmen zweigen/ dz es nicht darin regnet / die huette ist alle offen inwendig/ es hat keyner eyn sonderlich zugemacht gemach.“[197].

und worin sie schlafen: „Sie schlafen in dingern die heyssen Inni uff ire spraach/ sein von baumwolle garn gemacht/ die binden sie an zwen pföle ober die erden/ unnd haben die nacht stets fewr bei sich.“[198] In den folgendem Kapitel erklärt er ihre Jagdmethoden und geht auf ihre Essgewohnheiten ein: „Wenn sie etwas fienden es sei fisch oder fleysch/ thun sie gemeynlich grünen pfeffer darin/ und machen dan eynen dünnen brei drauß/ den heyssen sie Mingau.“[199]

Die Reihenfolge seiner Kapitel entbehrt jeglicher Logik. Er verliert beispielsweise im Kapitel über die Essenszubereitung kein Wort über ihren Kannibalismus. Im darauf folgenden Kapitel geht er unvermittelt auf ihre Regierungsform ein, die der europäischen Norm widerspreche: „Sie haben keyn sonderlich keyn regiment oder recht/ eyn yede hütte hat eynen obersten der ist ihr künig.“[200] Über die Glaubensvorstellung vermerkt Staden, dass sie keinen Gott anbeten, sondern einen Schamanenkult vollziehen. Er beschreibt detailliert ihre religiösen Rituale, die sich um das Maracá und den Pajé drehen. Der Maracá ist ein Kürbis, mit dem die Indios rasseln, um von dem Pajé, einem Wahrsager, die Zukunft vorhergesagt zu bekommen. Diesen Pajé entlarvt Staden jedoch als Bauchredner. Die Maracá wird von dem Pajé einmal im Jahr in einen Gott verwandelt, den die Indianer verehren und dem sie ein Haus bauen:

„Sie glauben an eyn Ding/ das wechst wie eyn kürbs […] rasseln damit und heyssen es Maracá […] Paygi werden unter jnen geachtet gleich wie man hie die warsager achtet […] Wenn nun der warsager Paygi auß allen rasseln götter gemacht hat/ so nimpt dan eyn yeder sein rasseln hin/ heysset sie lieber sohn/machet ir eygen hüttlin/ da es inne stehet/ begert von jme alles was jme von nöten ist/ gleich wie wir den warhafftigen Gott bitten/das sein nu ire götter.“[201]

Nach ausführlicher Darstellung ihres Aberglaubens hebt Staden das Heidentum der Indianer am Ende des Kapitels nochmal hervor:

„Mit dem warhafftigen Gott der hymel und erden geschaffen hat/haben sie keyne bekümmert“, fügt er seinen Ausführungen noch ein interessantes Detail hinzu: die Kenntnis der Indianer von der Sintflut: „sie sagen/Es sei eyn mal große wasser gewesen/hab alle ire vorvätter verseuffet/und etliche seien inn eynem nachen daruon kommen.“[202]

---

197 Staden: Historia, 2. Buch, V.
198 Ebd., VII.
199 Ebd., XII.
200 Ebd., XIII.
201 Ebd., XXIV.
202 Ebd., XXV.

Mit dieser Ausführung unterstreicht er den christlichen Missionsauftrag Gottes, die Indianer retten zu müssen und sie zum wahren Glauben zurückzuführen.
Es ist sicherlich nicht verwunderlich, dass vor allem das Erscheinungsbild der Ureinwohner Stadens Interesse weckt. Ähnlich wie Schmidl bleibt Stadens Blick lange an dem fremden Anblick haften und beschreibt ihn detailliert. Dabei gliedert er seine Beschreibung systematisch nach dem Aussehen von Männern und Frauen. Im sechzehnten Kapitel geht er auf das Erscheinungsbild der Männer ein:

> „Sie machen eyne platten uff irem haupt/ lassen drumb hereyn krenzlein von haren wie eyn mönch [...] Weiter haben sie eyn ding von roten feddern gemacht/ heysset acangatara / das binden sie umb den kopff/ sie haben auch in den jundersten lippen des mundes/ eyn großloch/ dasmachensie von jugent auff / wan sie noch jungen sein/ stecken sie jnen mit eynem spitzen knochen ein löchlein hindurch/ darin stecken sie dan eyn sternlein oder eyn hölzlein/ und schmieren dan mit iren salben/ das löchlin bleibt dan offen wen sie nun so groß werden 7 das sie werhafftig sein/ so machen sie es jnen grösser/ dan steckt er eynen großen grünen steyn darin/ und die lippen des mundes/ hengt jnen allezeit nider von dem gewigt des steyns/ und haben sie auff beyden seiten des mundes/ in yedem backen noch eyn en kleynen steyn.“[203]

Im nächsten Kapitel beschreibt Staden die Frauen. Ihm fällt auf, dass sich diese genauso wie die Männer bemalen. Im Gegensatz zu den männlichen Stammesmitgliedern tragen sie ihre Haare lang und Schmuck verziert nicht ihre Münder, sondern Ohren:

> „Die Weiber malen sich unter dem angesicht/ und ober den ganzen lei/ auch auff die vorgesagte weise/ wie sich die Männer vermalen. Aber sie lassen das Haar lang wachsen/ wie auch andere weiber. Haben sonderlich keynen zieraht/ dan in den ohren haben sie löcher/ da hengen sie dinger ein.“[204]

Wie in anderen Reisberichten wird auch hier die Nacktheit der Ureinwohner erwähnt, die sie mit Farbe, Gold und Perlen und Federn ausschmücken.

Abbildung 16: Tupinambas[205]

---

[203] Staden: Historia, 2. Buch, XVI.
[204] Ebd., XVII.
[205] www.itanhaemvirtual.com.br/Tupinamba_3.jpg / (entnommen am 24.7.2011).

Stadens Fremdbeschreibung umfasst abgesehen von Angaben zur sozialen und geschlechtlichen Arbeitsteilung und zur Siedlungsstruktur auch den Bereich der materiellen Kultur. In den Kapiteln 29 bis 35 des zweiten Buches gewährt Staden seinen Lesern einen kurzen Einblick in die Flora und Fauna. Staden liefert seinen Lesern detaillierte Informationen zu den verschiedenen Lebensbereichen, ohne sie in einen großen gesellschaftlichen Zusammenhang zu stellen. Die kannibalische Praktik wird erst auf den letzten Seiten seines Berichtes, quasi als Höhepunkt, ausführlich beschrieben und verdient entsprechende Beachtung.

4.2.2.1. Staden und der Kannibalismus

Das Thema Kannibalismus war in allen Reiseberichten präsent, die über die Neue Welt erzählten. Über keine indianische Kultur wurde in der deutschsprachigen Publizistik des 16. Jahrhunderts so viel berichtet wie über die südamerikanischen Küstenvölker. Man unterschied sie in friedliche und in paradiesischem Urzustand lebende Eingeborene und in kriegerische Kannibalen. Das Klischee der Letzteren hat durch verbale und bildliche Hervorhebung ihrer anthropologischen Rituale mehr Verbreitung und Bedeutung gewonnen als das ihres friedlichen Gegenstücks. Ihre Marktpräsenz blieb seit den Werken Kolumbus und vor allem Vespuccis erhalten und wurde durch die Berichte Schmidls, Lérys und Stadens unterstützt. Der Kannibale wird durch diese Werke allmählich zum Symbol für die Neue Welt.[206]

Jedoch wäre es falsch, den Kannibalismus auf die Neue Welt und deren Bewohner zu reduzieren. Kannibalismus ereignete sich selbst unter Christen: Aus Hunger aßen Spanier ihre toten Mitmenschen, wie man in Schmidls Reisebericht im späteren Verlauf dieser Arbeit lesen kann, und selbst unter Kreuzrittern kam es im Jahre 1098 zu Kannibalismus an der muslimischen Bevölkerung.[207] Jedoch haben diese Vorkommnisse das vorherrschende Klischee nicht widerlegt oder relativiert. Die Drucker und Verleger verarbeiteten jede Information, die sie aus der Neuen Welt bekamen zu einer Publikumsattraktion. Der Kannibalismus war jenes Merkmal, mit dem sie die Aufmerksamkeit des Publikums gewinnen konnten. So haben sich zwei Stereotype entwickelt. Die eine Variante zeigt den

[206] Menninger: Die Macht der Augenzeugen, S. 157.
[207] Rüdiger Glaser (Hg.): Klimageschichte Mitteleuropas. 1200 Jahre Wetter, Klima, Katastrophen. Mit Prognosen für das 21. Jahrhundert, Wissenschaftliche Buchgesellschaft Darmstadt 2008, S. 58.

Ureinwohner, wie er am Spieß Menschenfleisch brät. Das andere ikonographische Stereotyp zeigt Kannibalen wie Metzger bei ihrer Arbeit.[208]
Diese beiden Stereotype vereint Staden in seiner *Wahrhaften Historia*. Stadens Brasilienbericht fungierte somit im Bewusstsein der Zeit als Repräsentation des Kannibalismus. Der Autor schildert den Kannibalismus nicht nur präzise, sondern verleiht seinem durch seinen neunmonatigen Aufenthalt bei den Kannibalen Authentizität. Damit unterscheidet er sich von den anderen Augenzeugenberichten, die nur aus einem kurzen oder oberflächlichen Kontakt mit den Ureinwohnern hervorgingen. Stadens Bericht sind zudem auch diverse Holzschnitte beigefügt, welche die kannibalistischen Praktiken bildnerisch in Szene setzen. „Die Holzschnitte bilden den ersten umfangreichen Bilderzyklus über die Neue Welt und sind damit ein Markstein in der visuellen Umsetzung Amerikas für die Zeitgenossen. Die drastische Darstellung der Anthropologie vermittelt dem Betrachter ein eindeutiges moralisches Werturteil."[209] Hinzuzufügen ist, dass die visuelle Präsenz Stadens in den bildlichen Darstellungen seine Augenzeugenschaft ihrerseits bezeugt und dadurch die Authentizität seines Berichtes illustratorisch verbürgt. Der Leser wird Zeuge von Stadens Zeugenschaft und Fragen nach dem Wahrheitsgehalt des Berichtes werden auf diese Weise verdrängt. Aufgrund der visuellen Darstellung ist es nicht verwunderlich, dass dieses Werk weit verbreitet wurde und internationale Beachtung fand, zumal die illustratorischen Darstellungen den bereits detailreichen Beschreibungen weitere Nachdrücklichkeit verliehen. Stadens Rezeption spiegelt nicht nur die europäische Wahrnehmung der Wilden, sondern beeinflusste das Bild der Neuen Welt nachhaltig. Die Ausführlichkeit und Detailtreue auch der Darstellung des Kannibalismus ist einzigartig unter den Reiseberichten des 16. Jahrhunderts und verdient daher eine Wiedergabe. Seine Informationen und Abbildungen gelten darum größtenteils heute noch als ethnographische Dokumente für die materielle Kultur der historischen Tupinamba. Einige dieser Holzschnitte werden im Folgenden mit Darstellungen späterer Publikationen seines Werkes verglichen. Seine Ausführungen sind im zweiten Teil seines Berichtes, im 29. Kapitel, komprimiert. Die dort geschilderte kannibalistische Zeremonie wird im Folgenden wiedergegeben. Der Titel dieses Kapitels, „Mit was ceremonien sie ire feinde tödten und essen. Womit sie sie todt schlagen/ und wie sie mit inen umgehn", lässt die den hohen Grad der Systematisierung dieser Schilderung erkennen. Ferner ergibt sich schon aus der Überschrift, dass die Tupinamba nur ihre Feinde essen. Von einem wahllosen Kannibalismus kann also keine Rede sein. Staden geht in seiner Schilde-

[208] Menninger: Die Macht der Augenzeugen, S. 143.
[209] Obermaier: Hans Staden und sein Brasilienbuch, S. 27.

rung des kannibalistischen Rituals strikt chronologisch vor. Die Feinde werden zunächst geschlagen und für das Ritual vorbereitet.

„Wenn sie ire feinde erstmals heymbringen/ so schlagen sie die weiber un jungen./ Darnach vermalen sie inen mit grawen feddern/ scheren ime die augenbrawen ober den augen ab./ Dantzen umb in her/binden jnen wol das er jnen nit entlaufft."

Ferner präzisiert Staden den Terminus „Feind" und erklärt, dass selbst Kinder, die aus einer Verbindung zwischen dem Feind und einer Tupi – Frau entstehen, gemästet und geschlachtet werden:

„Wenn sie ire feinde erstmals heymbringen [...]geben jme eyn weib das jnen verwaret/ unnd auch mit jme zuthun hat/ Und wann sie schwanger wirdt/ das siü kindt ziehen sie auff biß es groß wirt/ Darnach wan es jnen in den sinn komt/ schlagen sie es todt und essens."[210]

Diese makabere Sitte ermöglicht es den Tupinamba, ihre Vorratskammer aufzufüllen und sich in mageren Zeiten zu ernähren. Die Zeremonie, bei der das Opfer getötet wird, gleicht einem großen Fest, zu dem Indianer aus anderen Dörfern geladen werden. Nachdem die Indianerinnen das Opfer geschmückt haben, wird die Schnur, mit der das Opfer um die Hüften gefesselt wird, „Mussurana genant", für die Zeremonie vorbereitet und die Mordwaffe, die „ibira pema genant", geschmückt.

Abbildung 17: Mussurana[211]

Dieser Prozess dauert die ganze Nacht. Während des Schmückens singen, tanzen und berauschen sich die Indianer: „Und dieweil das weib an ime malet/ dieweil singen die anderen/ so nehmen sie den gefangenen bei sich der trinket mit inen/ und sie schwazen mit jme."[212] Dieses Schauspiel gibt Staden in einem Holzschnitt wieder:

[210] Staden: Historia, 2. Buch, XXIX.
[211] http://www.anthropologieenligne.com/pages/08/8.131.html (entnommen am 27.7.2011).
[212] Staden: Historia, 2. Buch, XXIX.

Abbildung 18: Trinkgelage der Tupi-Indianer, nach Staden[213]

Abbildung 19: Trinkgelage der Tupi-Indianer, von Theodor de Bry[214]

Die linke Darstellung ist ein Holzschnitt aus dem Jahr 1557 und ist aus der Originalausgabe der „Wahrhaftigen Historia" von Hans Staden. Das rechte Bild ist ein Kupferstich von Theodor de Bry, der im Rahmen seiner „Die West-Indischen Reise" im Jahre 1594 veröffentlicht wurde. Auf dem Holzschnitt sowie auf dem Kupferstich ist dieselbe Situation dargestellt. Beide zeigen das Trinkgelage der Tupinamba während der Zeremonie. Beim Vergleich dieser Bilder zeigen sich Gemeinsamkeiten sowie Unterschiede. Beide Bilder weisen einen geometrischen Aufbau auf. Auf dem Kupferstich befindet sich in der Mitte des Vordergrundes ein großer beheizter Kessel. Er bildet die Spitze einer dreieckigen Figurenkonstellation: Link und rechts oberhalb des Kessels stehen Indianer, die wiederum die Schenkel des Dreiecks bilden und zu der Hypotenuse führen, die aus fünf Indianern besteht und den Horizont des Bildes bildet. Innerhalb des Dreiecks befinden sich wie in den Schenkeln drei Indianer. Die keilförmige Formation bildet die zentralperspektivischen Linien des Betrachters nach und verstärkt den Eindruck von räumlicher Tiefe und realistischer und naturgemäßer Repräsentation. Der Stich von de Bry wirkt dagegen sehr konstruiert. Die ebenfalls vorhandene Dreiecksstruktur ist wesentlich weniger ausgeprägt. Die Spitze des Dreiecks bildet bei Staden eine Indianerin, die ein Baby im Arm hält. Die beiden Schenkel des Dreiecks bilden auch hier je drei Indianer. Die Hypotenuse besteht bei dem

213 Staden: Historia, 2. Buch, XXIX.
214 http://www.anthropologieenligne.com/pages/08/8.131.html (entnommen am 27.7.2011).

Holzschnitt jedoch nicht aus fünf, sondern aus sieben Indianern. Außerhalb des Dreiecks befinden sich auf jeder Seite fünf Indianer. Die Symmetrie spiegelt den geometrischen Aufbau wieder. Auf beiden Bildern werden die Indianer gleich dargestellt. Die Männer tragen einen mit Federn bestickten Kopfschmuck, einige auch mit Federn geschmückte Mäntel. Die Frauen sind alle unbekleidet und haben lange Haare. Die Landschaft ist auf beiden Bildern kahl und öde. Die Figuren sind auf dem Holzschnitt grob geschnitzt und wirken sehr oberflächlich. Es fehlt die perspektivische Tiefe. Die Indianer auf dem Kupferstich sind dagegen plastischer. Die richtig gesetzten Schattierungen sowie die Farbe unterstützt die Natürlichkeit. Während de Brys Kupferstich mit seiner Perspektivität und ausgewogen-statischen Komposition Merkmale der Renaissancemalerei aufweist, gemahnt der Holzschnitt aus Stadens Werk an eine mittelalterliche, allenfalls volkstümliche bildliche Darstellung. Die Verbindlichkeit des christlich-mittelalterlichen Weltbildes, die dadurch evoziert wird, mag das Interesse am Außergewöhnlichen und Skandalösen geschürt haben, denn in der mittelalterlichen Weltsicht und in geographischen Illustrationen des Mittelalters war die Monstrosität des Fremden ein geläufiger Topos. Doch konfligiert dieses mittelalterliche Weltbild mit der Neutralität und Offenheit von Stadens Bericht, der seiner eigenen Subjektivität einen gesonderten Platz einräumt und die Subjektivität des Betrachters dadurch hervorhebt und implizit einer Reflexion unterzieht. Dennoch ist es wohl gerade die für Subjektivität wenig Raum bietende mittelalterliche Weltauffassung, die die Gefahren einer durch subjektive Limitationen beschränkten und verzerrten Wirklichkeitsdarstellung auszuschalten verspricht. Insofern untermauert der mittelalterlich anmutende Charakter des Holzschnittes die Sachlichkeit der Beschreibungen Stadens und bildet gerade dadurch einen angemessen Rahmen für die textuelle Darstellung des radikal Fremden. Nach dem Trinkgelage folgt der nächste Schritt der Prozedur:

> „dan binden sie ime die mussurana von dem hals ab und binden sie ime umb den leib her/ zihen sie zu bey den seiten steiff/ Er stehet mitten darinn gebunden / irer vil halten die Schnur auff beyden enden/ Lassen inen soeyn weil stehen [...] dan nimpt der wildeumb das holz / der den todt schlagen sol/ und sagt dann/ Ja hie bin ich/ ich will dich todten/ danndie deinen haben einer freunde auch vil getödet und gessen/ antwortete er/ wann ich todt bin/ so habe ich noch vil freunde/ die werden mich wol rechen/ darmit schlecht er inen/ hinden auff den kopf/ das im das hirn daraus springt."[215]

[215] Staden: Historia, 2. Buch, XXIX.

Abbildung 20: Der Mord, nach Staden[216]

Abbildung 21: Die Hinrichtung des Opfers, von de Bry[217]

Das linke Bild ist der Originalholzschnitt aus Stadens *Wahrhafigen Historia*. Die rechte Abbildung stammt von Theodor de Bry aus seinem Werk *Die West-Indischen Reise*. Beide Bilder sind gleich aufgebaut und zeigen den Augenblick der Hinrichtung. In der Mitte des Bildes steht das Opfer. Um seine Hüften ist die Mussurana geschwungen. An beiden Seiten stehen die Indianer, die begierig den Tod ihres Opfers erwarten. Sie stecken ihre Hände in den Mund und beißen sich in die Arme. Diese Geste ist ebenso beim Opfer zu erkennen. Er führt seine Hand zum Mund und verleiht damit dem Bild durch Andeutung der bevorstehenden Verletzung und Verspeisung eine dramatische Note. Auf der linken Seite steht der Henker mit einer festlich beschmückten Ibira-pema. Bereit sein Opfer zu töten, setzt er zum Schwung an.

Die Bilder weisen jedoch einige Unterschiede auf. Die Häupter der Männer sind auf de Brys Bild alle mit Federn festlich geschmückt. Auf dem Holzschnitt von Staden sind jedoch nur nackte und ungeschmückte Indianer zu erkennen. Die über dem weiten Meer hoch stehende Sonne bildet einen malerischen Hintergrund. Diese paradiesische Atmosphäre steht einerseits im Kontrast zu der baldigen Hinrichtung, die sich im Vordergrund des Holzschnittes abspielt. Andererseits zeigt sie auch die Schattenseiten eines anderweitig paradiesischen Zustandes und warnt die Leser so vor einseitigen Verklärungen. Der Hintergrund von de Brys Stich zeigt kein malerisches Panorama, sondern einen Ausschnitt aus indianischen Hütten. Diese sind so gebaut, wie sie Staden beschrieben hat,[218] bilden aber einen Rahmen um die Figurenkonstellation, der derselben eine besondere Stabilität verleiht und einen Aspekt der unten noch zu diskutierenden klassizistischen Darstellung der Szene ist. Einen

216 Staden: 2. Buch, XXIX.

217 www.anthropologieenligne.com/images/execution.gif (entnommen am 25.7.2011).

218 Vgl. Staden: Historia, 2. Buch, V.

weiteren Unterschied erkennt man in den beiden Frauen, die in dem Holzschnitt Stadens vor dem Opfer stehen und ihren Hunger und ihre Gier durch das Beißen in ihre eigenen Hände Ausdruck verleihen. In der Abbildung de Brys stehen diese Indianerinnen hinter dem Opfer. Obermeier erwähnt in diesem Zusammenhang die These, dass

> „das Bildmaterial nach Vorzeichnungen von einer auswärtigen Werkstatt erstellt wurde und das fertige Produkt von Staden und dem Drucker auf ihre Authentizität geprüft wurde, auch wenn keine Änderungen mehr möglich waren."[219]

Ferner erwähnt er, „dass die Verarbeitung zeitgenössischer Vorlagen sich auf inhaltlich weitgehend belanglose Elemente der Holzschnitte beschränken und keine Zuordnung der Künstler zu einer Gegend oder gar ihre Identifikation möglich ist."[220]

Im Weiteren führt Staden *en detail* aus, mit welcher Brutalität vor allem die Frauen die Gefangenen zerteilen, kochen und verspeisen:

> „dann komen die vir weiber und nehmen die vier stücke/ und lauffen mit umb die hütten her/ machen eyn groß geschrey/ von freuden/ darnach schneiden sie im den rücken mit dem hindersten von dem vortheyl ab/ dasselbige thylen sie dann unter sich/ aber das ingeweyd behalten die weiber/ sieden/ und in der brüe machen sie eynen brei/ mingau genant."

Diese Illustrationen untermalen das genannte Geschehen:

Abbildung 22: Der Leichnam wird zubereitet[221]

Abbildung 23: Der Leichnam wird zerteilt und gebraten[222]

---

[219] Franz Obermaier: Hans Staden und sein Brasilienbuch, S. 25.

[220] Ebd. 25f.

[221] www.heise.de/tp/r4/artikel/21/21825/21825_2.jpg (entnommen am 28.7.2011).

[222] www.physiologus.de/bilder/kann1.gif (entnommen am 30.10.2012).

Das negativ besetzte Frauenbild ist eine gemeinsame Komponente, das die verschiedenen Reiseberichte verbindet. Im Gegensatz zu Lérys Bericht, der später noch diskutiert wird, unterscheidet Staden nicht zwischen jungen und alten Frauen, zwischen Prostituierten und Hexen. Für Staden sind alle Frauen der Tupinamba mit Hexen zu vergleichen. Die Darstellung ihrer Handlungen und ihrer Brutalität erinnern an die Bilder, die im Mittelalter und in der Frühen Neuzeit die Menschen mit Hexen assoziieren.[223] Es war innerhalb der Gedankenwelt jener Zeit weder absurd noch irreal, an Hexen und Schadenszauber zu zweifeln. Im 16. Jahrhundert glaubten die meisten Europäer, dass Hexen sich regelmäßig trafen, um blasphemische, obszöne und abstoßende Rituale zu vollziehen.[224] Dabei opferten Hexen dem Teufel Menschen und aßen deren Fleisch.[225] Staden und de Bry vereinen nun auf diesen Darstellungen den Kannibalismus der Ureinwohner mit einer Anspielung auf Hexen. Auf beiden Bildern tanzen die Frauen freudig und begierig auf ihren baldigen Schmaus mit Leichenteilen um die Feuerstelle herum. Sie halten die Leichenteile triumphierend in der Hand und beißen sich in ihre Arme, um ihrem Appetit Ausdruck zu verleihen. Staden kann nur hilflos und betroffen dem grauenhaften Ritual beiwohnen.

Die Einbeziehung des Hexenglaubens verleiht dem Kannibalismus noch eine zusätzliche dämonische Note. Denn in der Frühen Neuzeit galt Hexerei als das schwerste und zugleich geheimste Verbrechen.[226] Sowohl in Stadens Prosa als auch in den Illustrationen erscheinen die indianischen Frauen als die wahrhaft Wilden unter den Wilden. Diesen Eindruck vermittelt Staden schon bald nach seiner Gefangennahme. Schon nach seiner Ankunft ist Staden vornehmlich von Frauen umgeben, die ihn demütigen und quälen. Er wird von Frauen umzingelt, die sich über ihn lustig machen ihn trotz seiner Schmerzen zum Tanzen zwingen:

> „Darnach fieng das weibsvolck alle mit eynander an zusingen/ und gleich wie ir thon lautet/ so musste ick mit dem beyne/ daran sie mir die rasseln geunden hatten/ nider tretten/ uff das es rasselte und zusammen stimmete Und das beyn darin ich verwundet war thet so wehe/ das ich kaum stehen kunte/ dann ich war noch nir verbunden."

Wenn man die Holzschnitte von Stadens Originalausgabe der *Wahrhaftigen Historia* mit den Kupferstichen von de Bry vergleicht, ist zusammenfassend Folgendes zu sagen: Die Situationen werden im Großen und Ganzen gleich dargestellt. Jedoch sind bei Staden

223 Berg: „Wie ich in den tyrannischen Völcker Gewalt kommen bin", S. 86.

224 Brian Levack (Hg.): Hexenjagd, Die Geschichte der Hexenverfolgung in Europa. Beck Verlag München 2003, S. 37.

225 Jakob Sprenger: Hexenhammer: Aus dem lateinischen übertragen und eingeleitet von J. W. R. Schmidt, München 1982, I, S. 158: „und hinzugefügt wird noch eine dritte und vierte Art, das, wenn sie keine Fehlgeburt verursachen, sie die Kinder auffressen oder dem Dämon preisgeben."

226 Kurt Rau (Hg.): Augsburger Kinderhexenprozesse 1625–1730, Wien(u.a.) 2006 S. 341.

sowohl die Beschreibung als auch die Illustrationen der anthropophagen Szenen relativ nüchtern dargestellt. Die Indianer besitzen keinen physischen Ausdruck. „In den Kupferstichen von de Bry findet die Vorstellung eines guten Wilden ihren ikonographischen Ausdruck, indem er den Tupinamba antikisierende Züge verlieh, die er in ihrer Körperstatur und Physiognomie dem klassischen Schönheitsideal anglich.“[227] Die Indianer werden körperlich greifbar. „Die Distanz zum Betrachter wird durch eine Verfremdung aufgehoben, die aus der Beziehung der klassizistischen Figuren zu ihrem gestischen und mimischen Ausdruck wie auch zu den gezeigten Handlungen entsteht.“[228]

> „Die Fremden werden so bei de Bry als Inszenierung dargestellt. Sie werden in einer Weise auf den europäischen Beobachter bezogen, die eine gewisse Nähe zum Betrachter suggeriert und die reale gesellschaftliche und ethische Distanz abschwächt, so dass die tatsächlichen Verschiedenheiten auf dem Muster von Ähnlichkeiten in der Interpretation vereinnahmt und in ihrer möglichen politischen 'Brisanz entschärft werden.“[229]

Dagegen rückt der Holzschnitt den Kannibalismus in die Nähe des Animalischen. Dabei löscht die räumliche Distanznahme des einfacheren Holzschnitts die Eigenlogik der Darstellung nicht aus. Der Protagonist verstummt. Er kann nur hilflos dem Geschehen beiwohnen. „Die äußerst ausführliche Darstellung der brutalen Sitten in der umfangreichen Holzschnittbebilderung hat nicht nur eine textillustrative Funktion, sondern die verurteilende Gestik des auf ihnen abgebildeten Staden integriert einen affektiven Aspekt wieder in das Zeichensystem des Werks.“[230] Neuber hat diese affektive Funktion der Bebilderung klar erkannt, aber nicht im Detail herausgearbeitet.[231] Nach eingehender Recherche und Analyse der *Wahrhaftigen Historia* möchte ich mich Obermaier anschließen, der die Meinung vertritt, dass

> „der Text somit keine verbale Polemik mehr nötig hat, da die Holzschnitte dies schon vorweg genommen haben. Der Stadentext wird damit zu einem subtilen Zusammenspiel der verschiedenen Zeichensysteme der Zeit, die unter geschickter Ausnutzung der damaligen Genrevorgaben sowohl dem wissenschaftlich-historiographischen Anspruch als auch der ideengeschichtlich vorgegebenen moralischen Verurteilung und dem erbaulich – religiösen Charakter in einer Publikation gerecht werden. In der Ausgewogenheit der gefundenen Lösung, in der der erste, narrativ-erbauliche Teil mit dem zweiten, wissenschaftlich-neutralen Buch und der symbolhaft moralischen Bebilderung eine gelungene Einheit bildet, liegt die richtungsweisende literarische Vorgabe von Stadens Werk. Nicht umsonst haben die

---

227 Joseph Jurt: Die Kannibalen, erste europäische Bilder der Indianer - Von Kolumbus bis Montaigne in: Der Alteritätsdiskurs des Edlen Wilden, hg. von Monika Fludernik, Ergon Verlag Würzburg 2002, S. 45 - 63, hier: S. 9, zit. nach Karl Heinz Kohl: Mythen der neuen Welt: zur Entdeckungsgeschichte Lateinamerikas, Fröhlich & Kaufmann Verlag, Berlin 1982, S. 17.

228 Jurt: Die Kannibalen, S. 9.

229 Ebd., S.10.

230 Obermaier: Hans Staden und sein Brasilienbuch, S. 26.

231 Neuber: Zur Gattungspoetik des Reiseberichts – Skizze einer historischen Grundlegung im Horizont von Rhetorik und Topik, S. 41.

Brys auch diesen bildlichen Aspekt in ihren zwar neu gestalteten, aber sich eng an Stadens Holzschnitte anlehnenden Illustrationen übernommen und den ihnen wichtigen moralischen Aspekt durch die Kollokation einiger Stücke im Tupinamba beschriebenen Lérytext noch verstärkt."[232]

Das frühneuzeitliche Europa formiert sich gegen die Autorität der klassischen Antike, wobei es sich mitunter jedoch einer antikisierenden (Bilder-)Sprache bedient, und setzt die Neue Welt mit der antiken Welt gleich.[233] Das Weltbild verändert sich und mit ihm das Menschenbild, das in dem Reisebericht dargestellt wird. Der Reisebericht selbst ist in diesen Prozess der Veränderung inbegriffen, wie es bereits an der *Wahrhaftigen Historia* dargelegt worden ist. Die Ungeheuer, die angeblich am Rande der Welt leben, werden als wilde Menschen gesehen, die noch nicht zivilisiert und missioniert worden sind. Dieses veränderte Menschenbild findet sich in dem Reisebericht Stadens wie in den Berichten von de Las Casas, de Léon u. a. Jedoch nimmt Staden die Ureinwohner nicht als edle Wilde wahr. In seiner Beschreibung fehlen alle Attribute, die die literarische Figur des edlen Wilden ausschmücken.[234] Dies lässt darauf schließen, dass er die epistemologische Hilfsfunktion solcher Klischees und ihren vorläufigen Charakter durchschaut hat. Zwar besteht sein Anliegen auch darin, seine Erfahrungen unter den Kannibalen seinen Lesern näher zu bringen und ihnen damit zu versichern, dass sie sich auf Gott selbst in größter Not verlassen können. Doch liegt in dieser Versicherung auch eine Strategie zur Verbürgung der Wahrhaftigkeit des Berichts, denn ohne göttliche Gnade und Hilfe hätte der Autor nicht überlebt, um seine Erfahrungen zu verschriftlichen. Zweifellos stellt sich Staden aber auch mit allen anderen zeitgenössischen Reiseberichterstattern auf eine Stufe, die keinen Zweifel an ihrer Überlegenheit gegenüber den Indios haben. Dennoch zeugt die Trennung von sachlicher und emotional-subjektiver Darstellung in zwei Bücher seines Werks davon, dass Staden der Subjektivität der Erfahrung Rechnung trug und somit die vermeintlich objektive Basis für Bewertungen der Neuen Welt und ihrer Bewohner in Zweifel zog.

4.2.2.2 Diskursive Vorbilder für Stadens *Wahrhaftige Historia* und die Frage der Authentizität

Obgleich Stadens *Wahrhaftige Historia* viele Neuerungen aufweist, steht er mit seinem Bericht sehr eng in der Tradition, der auf dem bisherigen deutschen Americana-Markt vorhandenen Informationen. Es spricht einiges dafür, dass sein Bericht, den er 1557

---

232 Obermaier: Hans Staden und sein Brasilienbuch, S. 26.
233 Burghartz: Das neue und das alte Weltbild, S. 17.
234 Berg: Wie ich in der tyrannischen Völcker Gewalt kommen bin, S. 189.

veröffentlichte, sich am deutschen Americana – Markt orientierte und daraus rezipierte. Vor allem weist Stadens Bericht mehrere Parallelen mit der Flugschrift *Diß büchlin saget* von Vespucci auf, welches schon im Jahre 1509 veröffentlicht worden ist. Das würde bedeuten, dass die Wahrnehmung Stadens durch Vespuccis Werk stark beeinflusst worden ist und an der Authentizität einbüßt, die er im Vorwort seines Werkes verspricht. Dieser Bericht wäre somit lediglich eine Wiedergabe eines bekannten Werkes und eine Rekapitulation eines am Americana-Markt vorherrschenden Welt- und Menschenbildes. Dieser These wird im Folgenden nachgegangen. „Vespuccis *Diß büchlin saget* und Stadens *Wahrhaftige Historia* enthalten eine Schlussrede, deren Gedankenführung, der dringende Verweis auf den wahren Berichtinhalt einander entsprechen.“[235] Insbesondere gleicht der ausführliche ethnologische Themenkatalog, der über die Sitten und Gebräuche der Tupinamba in der Flugschrift Auskunft gibt, dem ethnologischen Part in Stadens *Wahrhaftiger Historia.* Die meisten der in der Flugschrift eingestreuten Erlebnisse sind in Stadens Bericht ebenfalls zu finden. So korrespondieren mit Stadens zweigeteilter Berichtspräsentation die beiden hervorstechenden Passagen im Bericht Vespuccis, der ethnologische Part und die Erlebnisepisode über Tod und Verzehr eines jungen Mannes durch Kannibalen.[236] Staden selbst musste, seinem Bericht zufolge, mehrfach den kannibalischen Ritualen beiwohnen. Im 45. Kapitel des ersten Teils seines Buches erwähnt Staden die Tötung und Verspeisung eines Christen, dessen Fleisch er über dem Feuer braten sah. Eine Parallele zwischen der Flugschrift und seinem Bericht ist dementsprechend nachzuweisen. Dieses Faktum verringert erheblich seinen Anspruch auf Authentizität.

Zudem schmälern noch weitere Parallelen die Authentizität seines Berichtes. Sein Überleben verdankt Staden einigen Glücksfällen, die er auf die Gnade Gottes zurückführt. Im oberen Kapitel wird ein Glücksfall Stadens erwähnt, bei dem eine Himmelserscheinung eine herausragende Rolle spielt: Eine Regenwolke verzieht sich dank eines Gebetes von Staden und bewahrt ihn wie die Tupi - Indianer vor einem Unwetter.[237] Dieser Himmelserscheinung verdankte er nicht nur sein Leben, sondern er verbessert dadurch auch seinen Status bei den Indianern, die allmählich seinen Gott zu fürchten beginnen. Diese Himmelserscheinungen sind für den glücklichen Ausgang sehr entscheidend und übernehmen im Bericht Stadens eine wichtige Funktion. Die Himmelszeichen waren tief im Aberglauben der Europäer des 16. Jahrhunderts verwurzelt. Man war von ihrer Existenz genauso überzeugt wie von der Existenz von Hexen und Ungeheuern. Daher ist es nicht verwunderlich, dass sich Staden auf

---

235 Menninger: Die Macht der Augenzeugen, S. 166.
236 Vespucci: Diß büchlin saget“, Bl. [5v - 9v] sowie [24r - 25v]
237 Vgl: Staden: Historia, 1. Teil, XX.

diese Himmelserscheinungen bezieht. Jedoch ist es erwähnenswert, dass Hiob Finzel sein Werk über mysteriöse Himmelszeichen, *Wahrhaftige beschreibung vnd gründlich verzeichnis schrecklicher Wunderzeichen Vnd Geschichte / die von dem Jar an M. D. XVII auf jitziges Jar M. D. LVI. geschehen und ergangen sind/ nach der Jarzah*, genau ein Jahr vor der Veröffentlichung von Hans Stadens *Wahrhaftiger Historia* publizierte.[238] Die Bedeutung der Himmelszeichen in der *Wahrhaftigen Historia* sowie der Zeitpunkt der Veröffentlichung der beiden Werke lässt darauf schließen, dass sich Staden von Finzels Werk aller Wahrscheinlichkeit nach beeinflussen ließ.[239] Als Pionier der Ethnographie kann Hans Staden sicherlich nicht gelten. Seine Wahrnehmungen wurden von mehreren Werken beeinflusst. Es ist schwer vorstellbar, dass Vespucci und Staden auf dieselben ethnologischen Merkmale eingehen und eine fast identische Schlussrede schrieben. Staden hat das den Americana-Markt dominierende Menschenbild in seine Wahrnehmung aufgenommen und in seinem Bericht wiedergegeben. Seine Wahrnehmung und Stilisierung der Eingeborenen ist daher eine Rekapitulation aus älteren Berichten. Es ist daher dienlich, die *Wahrhaftige Historia* mit einer gewissen Skepsis zu lesen. Doch bedeutet die Verwendung literarischer Vorbilder keine Orientierung an einer vorwissenschaftlichen Weltsicht. Insbesondere eine offene Begegnung aus wissenschaftlicher Perspektive muss ihre Glaubwürdigkeit erst etablieren und der Rückgriff auf bereits bestehende Strategien und Vorbilder liegt dabei nahe.

4.2.3. Ulrich Schmidl

4.2.3.1 Ulrich Schmidls Reise in die La Plata Gegend

Ulrich Schmidl hielt sich wie Federmann im Zusammenhang mit dem überseeischen Engagement der Welser in Südamerika auf. Wie Federmann lernte auch er die Ureinwohner auf dem Schlachtfeld kennen. Seine Expeditionen führten Schmidl jedoch wie Léry und Staden nach Brasilien. In seinem 1567 erschienenen Reisebericht *Wahrhafte Historie einer wunderbaren Schifffahrt: welche Ulrich Schmidel von Straubing von 1534 bis 1554 in Amerika oder Neue Welt bei Brasilia oder Rio della Plata getan*, der eher einem Abenteuerbericht als einem klassischen Reisebericht ähnelt, schildert Schmidl seine Erlebnisse, die ihm von 1534 bis 1553 in Brasilien widerfahren sind. Das ethnologische Interesse war bei Weitem nicht seine Priorität. Sein Reisemotiv war die Suche nach Gold und Silber. Die

---

[238] Menninger: Macht der Augenzeugen, S. 174.
[239] Vgl. Ebd., S. 174.

Gerüchte über die sagenhaften Reichtümer von El Dorado und dem „Silberland“, dem heutigen Argentinien, beflügelten seine Träume nach Reichtum und Ruhm.[240] Den ersehnten Reichtum brachten ihm seine wenigen Beutestücke, die er aus der Neuen Welt im Jahre 1554 nach Straubing mitnahm, nicht ein. Durch sein Werk genoss er jedoch ein hohes Ansehen.

> „Sein Werk gilt als eines der ältesten Zeugnisse über die Eroberung der la Plata-Länder sowie über die autochthone Bevölkerung Zentral-Südamerikas. In seinem Urteil hinsichtlich der Berechtigung der Unterwerfung und Versklavung der Indios stellt sich Schmidl auf die Seite der in seinen Augen kulturüberlegenen Eroberer und teilt nicht ohne stolze Genugtuung seinen eigenen Profit an den Sklavenrazzien mit.“[241]

Im Gegensatz zu Federmann ist sein Interesse eher dem Bereich der moralisch-religiösen Bedeutung und Aussagekraft der erfahrenen anderen Welt zu zuordnen. In seinem Americanum streute er subtile ethnographische Mitteilungen über viele namentlich genannte Indianerstämme ein. Daher sind in Schmidls Bericht auch ausführliche Bemerkungen zu der Kultur und Lebensweise der Indios zu finden, die er mit der europäischen vergleicht. Er taxierte die Indianer nach ihrem äußeren Erscheinungsbild und erzählte über ihre Nacktheit, ihre Waffen, Jagd- und Kriegsmethoden. Einen Schwerpunkt legt Schmidl in seinen Ausführungen auf den Körperschmuck der Indios, nach dem er die Indianerstämme identifizierte und kategorisierte. Bei der Kontaktierung neuer Stämme benutzte Schmidl immer ein sich wiederholendes Informationsraster und beschrieb detailliert zwei indianische Gebräuche: die kannibalische Praktik und die Kunst des Skalpierens der Tupi in Brasilien sowie der Carios in Paraguay.[242] Dieses Kapitel zieht einen Querschnitt durch Schmidls Bericht und versucht die Wahrnehmung Schmidls gegenüber den Ureinwohnern wiederzugeben. Schmidl trifft auf seinen Expeditionen mehrere Stämme. In seinen Aufzeichnungen erwähnt er beispielsweise die Stämme der Tiembus, Carios, Scherues, Surucusen und Cahrrúa. Den ersten Indianerstamm sieht Schmidl am Mündungsdelta der Riesenströme Rio Uruguay und Rio Parana. Die Cahrrúa waren ein Nomadenstamm und lebten auf dem Gebiet des heutigen südamerikanischen Staates Uruguay.[243] Dieser Stamm bestand aus etwa 2000 Männern und ernährte sich, wie Schmidl berichtet, nur von Fisch und Fleisch. Als sie die weißen Männer sahen, waren die Stammesmitglieder so verängstigt, dass sie die Flucht in das Landesinnere

---

[240] Bremer: Unter Kannibalen, S. 98.

[241] Hans J. König: Die Vermarktung des Indio, in: Die Neue Welt in alten Büchern, Entdeckung und Eroberung in frühen deutschen Schrift- und Bildzeugnissen, hg. von Ulrich Knefelkamp und Hans Joachim König, Ausstellung in der Staatsbibliothek Bamberg, Bamberg 1988, S. 102.

[242] Johannes E. Mondschein: Reise nach Südamerika in den Jahren 1534 bis 1554, Attenkofer Straubing 1893, S. 13, 36, 53.

[243] Schmidl: Reise in die La Plata Gegend, S. 177.

ergriffen. „Ein Jnndieainischen flecken gefunden die/ haissen die Jndieainner Zeccheuruaß vnd olda/ sindt/ vnd fleisch, die selben haben den flecken ver=/ Lassen vnd sindt wech geflohen mit Jeren/ weiber vnd khinder dass wier sy nit haben/morgen funden“[244] (Tatsächlich war die Angst wohl berechtigt: Die Cahrrúa wurden 300 Jahre später ausgerottet.) Schmidls Beschreibungen sind sehr knapp ausgefallen. Er erwähnt, dass die Männer alle nackt und die Frauen nur mit einem Tuch bekleidet sind, das am Bauchnabel gebunden ist und bis zu ihren Knien reicht, „die jnndieainner die geen nachet aber die/ frauen die haben Ein klainß Duch von/ painboel gemacht dass haben sy vom Nabel/ piß aff die knie vor Jerrer schom“[245]

Die Landschaft beschrieb Schmidl wenig euphorisch, da sie für ihn wirtschaftlich nicht rentabel erschien. Sie bestand aus Sümpfen, Gras- und Strauchsteppen. Die Spanier wussten zu diesem Zeitpunkt noch nicht, dass dieses scheinbar fruchtlose Land sich im Laufe der Jahre zu den ertragreichsten Weide- und Viehzuchtgebieten der Welt entwickeln sollte.[246]

Das nächste Volk, das Schmidl und seine Mitstreiter erblickten, waren die Carendies. Dieses Nomadenvolk lebte im Küstengebiet und im Hinterland. Visuell sind in Schmidls Beschreibungen eindeutige Parallelen zu den Cahrrúa zu finden.: „haben diesse/ weiber Ein klain Duch von pamboel/ vor Jer scham.“ Schmidl greift auf das beliebte Mittel des Vergleichs zurück, um seinen Lesern die Neue Welt besser verständlich zu machen. Daher vergleicht er die Carendies zum Beispiel mit den Sinti und Roma. „Nun diesse obgemelten kha=/ rendieß die haben khain aigne wonung Jm/ landt Ziehenn geleich Jm Landt vmb wie/ hie Jn theuschen Landen die Ziegeinner“[247]. Interessant sind für Schmidl auch die Trinkgewohnheiten der indianischen Völker: „Jn dem sumer Ziehen, so finden sich/mannich malß daß Lanndt 30 meil/ wechß alß druchken, vnd finden khainn/ wasser Zu drinnckhen vnd sy Etwan/ Ein hirschen oder Annder gewildt fahen/ oder schiessen, so nemen sy daß selbig bludt/ vnd drinnckh eß.“ Diese schauderliche Darstellung von Blut trinkenden Wilden bestätigt wieder das in den Medien dominierende Bild des verabscheuungswürdigen Indios. Dieser Stamm war den Europäern gegenüber jedoch freundlich sowie entgegenkommend und versorgte die Fremden mit Lebensmitteln: „mannen 3000 mit Jeren weiber vnd/ khinnder vdn haben vnß vnd fleisch/ gebracht Zu Essen.“ Als die Ureinwohner selbst darben mussten und ihre Hilfe verweigerten, kam es vonseiten der Europäer zu gewaltsamen Übergriffen, denen die Indianer nicht Stand hielten. Trotz des errungenen Sieges litten die Spanier weiterhin an

---

244 Schmidl: Reise in die La Plata Gegend., S. 9
245 Ebd., S. 9.
246 Bremer: Unter Kannibalen, S. 100.
247 Schmidl: Reise in die La Plata Gegend, S. 11.

Hunger. Dies verleitete drei Spanier zum Kannibalismus. Interessanterweise wird das vorherrschende Merkmal der Wilden, der „aufrecht gehenden Tiere“, wie sie in den Publikationen hießen, von Schmidl nicht bei den Indios, sondern bei seinen Mitstreitern beobachtet: So begab sich Jn der selbigen nacht von/ Anderen spaniern dass sy die schenkel/ vnd aus dem Leib sthuck fleisch/ geschnieden hetten vnd haim getragen/ vnd gessen.“[248]

Nach diesem Erlebnis beschlossen die Spanier flussaufwärts zu ziehen, um nach weiteren Indianerstämmen zu suchen und sich so Nahrung und Proviant zu sichern. Einen weiteren Stamm fanden die Spanier flussaufwärts des Parana. Schmidl beschreibt dieses Volk detaillierter als die vorherigen Stämme. Ein besonderes Merkmal sieht er in ihren Körperschmuck und in ihren blutig zerkratzen Gesichtern. „Diesse Jnndieainner die/ haissen tiembuß vnd tragen auff/ paiden seiden der nassen ein kleinß/ sternlen, dass ist gemacht von weiß/ vnd plaben stain vnd sin groß Leudt/ vnd von Leib aber vngeschaffen/ weiber vnd sinndt alZait Jung vnnd/ olt gekratz vnd pluedig vnntter dem/ Angesiecht.“[249]

Abbildung 24: Das Fort Buena Esperanza, 1536[250]

Erwähnenswert sind für Schmidl wieder die Essgewohnheiten der Eingeborenen: „Essen Annderß nichte dan fisch/ vnnd fleisch haben sie Jer/ Leben Lanng khain annder speiß nit gehabt.“[251]

Schmidl greift immer wieder auf das beliebte Mittel des Vergleichs zurück, um seinen Lesern die Neue Welt besser verständlich zu machen. So vergleicht er den Stamm der Machueradaieß mit Straßenräubern: „Ein folch wie heraussen die/ straß Rauber.“[252] Ferner vergleicht er die indianischen Kanus mit den Zillen und die Tiembus mit dem Fischern:

---

[248] Schmidl: Reise in die La Plata Gegend, S. 15.
[249] Ebd., S. 15.
[250] Ulrich Schmidl: Fahrt in die Neue Welt, hg. von Markus Tremmel, Via Verbis Bavarica Taufkrichen 2000, S. 49.
[251] Schmidl: Reise in die La Plata Gegend, S. 15.
[252] Ebd., S. 27.

„dan muender auch haben sy von/ den kannaen dass haist man her=/ aussenJn theutsch Lanndt Ziellen/ wie die fischer prauchen [...] muessen all Rudern vnd haben/ Rueder wie die fischer Jn theutsch/ Landt sunder sy sinndt nit beschlagen/ mit Eissen vnden an der spietzen."[253] Überdies hinaus zeigten sich diese Ureinwohner den Fremden gegenüber sehr entgegenkommend und retteten ihnen das Leben: „vnd gaben vnnß Zu Essen von fisch/vnd fleisch gott vnnd genug aber/ wen Eß noch heet gewerdt die oben=/ melten Raiß 10 tag so wer vnsser kain=/ ner nit daroun khumen von hunger."[254] An dieser Stelle verblasst das weitverbreitete negative Bild der Wilden, denn anderen Menschen das Leben zu retten entspricht den religiösen und humanitären Normen, die sonst zur Abgrenzung von den Wilden genutzt wurden.

Schmidl vergleicht aber nicht nur die indianischen und die europäischen Gruppen oder Gegenstände, sondern verweist auch auf Ähnlichkeiten innerhalb der indianischen Stämme. So vergleicht er die Tiembus mit den Coronos, denen er einige Wochen später begegnete. Sie weisen dieselben äußerlichen Merkmale auf und besitzen die gleichen Fortbewegungsmittel:

> „den Ersten tag 4 meil wechß Zu Einner/ Nation die haissen kuerendaß auch Leben/ sy von fischen vnd fleisch vnd sinner bey vn=/ geferlich pey 12000 starch manper folch dass/ Zu dem kriech praucht wiert vnd gegenen auff Nieder wiedie vorgenanden diembuß/ sy haben auch 2 sterlenauff aller paiden seyden/Jn der Nasseb auch sinndt kradt Leudt/ von Jerrer perschonnen aber die weiber heslich/ kratz vnnder dem Angesicht vnd pluedig/ Jung vnd alt, vnd sinndt pedecht miett/ Einen duech von painboel gemacht Jer/ scham auch haben diesse Jnndieainner sser fiel von den kahannaen/ oder Ziellen."[255]

Die meisten Indianerstämme waren den Spaniern wohlgesonnen und halfen ihnen sich in dem fremden Land zurechtzufinden. Als sie den Fluss Paraboe hinausfuhren, trafen sie auf den Stamm der Curumobas. Schmidls Ausführungen beziehen sich wie bei seinen anderen Beschreibungen auf Äußerlichkeiten, Gastfreundschaft und Speisen:

> „die haben Anders nicht Zu Essen dan fisch und fleisch/ und von den pochßhanlen oder Jhansprodt/ die Jnndieainner Machen wein darauß/ so gaben vnnß gewaiß alleß daß waß wier dan von Neden/ auch sinndt die menner vnd frauen seer Lanng vnd groß die menner haben/ Ein Lochlen auff der nassen da stecken/ sy darein Einfeder von Einem/ papagey fuer schonnehait auch die weiber sinndt/ gemaldt Lanng plab strich vnnder/ dem angesicht dass pleibt Ewig/ auch haben die weiber Jer schompedecht/ vom Nabel piß Zu dem knie Ein duch/ von painboel." [256]

---

[253] Schmidl: Reise in die La Plata Gegend, S. 19.
[254] Ebd., S. 21.
[255] Ebd., S. 23ff.
[256] Ebd., S. 29.

Im Laufe der Expedition traf Schmidl auf die Carios. Die Carios besiedelten zu diesem Zeitpunkt halb Paraguay. Über ihr Erscheinungsbild weiß Schmidl Folgendes zu berichten: „sinndt kurtz Leyd vnd diechk“[257] und gingen „mutternacket“[258] umher. Ihr Körperschmuck bestand aus Lippenpflöcken, aus einem kristallinen gelben Stein, den sich die Männer durch die Leftzen ziehen: „die menner haben jn dem LebZen Ein kleinß Lechlen/ da stecken sye darein Ein kriestail/ dass iest so Lanng alß Zwo spannenvnd/ dieck alß Ein feder kiel vnd die/ farb ist gelb“.[259]

Abbildung 25: Die Carios in Paraguay, 1539[260]

Die Carios waren zunächst den Fremden nicht wohl gesonnen. Erst als ihr Kampf gegen die Eindringlinge hoffnungslos erschien, kapitulierten sie und erklärten sich als treue Vasalle. Hervorzuheben ist insbesondere das negative Frauenbild, das sich ein roter Faden alle Reiseberichte durchzieht. In den Ausführungen Schmidl ist ein besonders abfälliges Frauenbild zu erkennen. So berichtet er: „ein vater verkaufft sein dochter/ vnd der man sein weib en Eß im nit/ gefeldt vnd der brueder sein schwester/ kost Ein frwß pieldt Ein hemedt/ oder Ein messer dass man miedt/ schneidt oder Ein klainne hachen oder/ Annder Reschkadt mer.“[261] So ist es nicht verwunderlich, dass sich jeder Weiße für jegliche Dienste Dutzende von Indianerinnen leistete und bald eine große Zahl Mestizenkinder gezeugt war.[262] An einer anderen Stelle kommt Schmidl in diesem Zusammenhang auf den Kannibalismus der Carios zu sprechen: „auch haben die kharios/ menschen fleisch gessen [...]dass ein weibspielt Ein wennig/ schon iest sp peheldt Erß Ein Jahr oder/ 3. wan Eß dan dass selbig weib pielt/ Ein wennig nach seinem gefallen/ nit Lebsto schlecht Erß Zu dott vnd iest/ Eß

257 Schmidl: Reise in die La Plata Gegend, S. 33.
258 Ebd.
259 Ebd.
260 Schmidl: Fahrt in die Neue Welt, S. 59.
261 Schmidl: Reise in die La Plata Gegend, S. 33.
262 Bremer: Unter Kannibalen, S. 123.

auch macht geleich Ein vest oder hoch=/ zeit."[263] Diese Ausführungen verdeutlichen den mangelnden Familiensinn und die Wertlosigkeit einer Frau. Den Kannibalismus registriert Schmidl ohne moralische Empörung und unterscheidet sich dadurch von anderen Amerikareisenden, die dieses Ritual als besonders unmenschlich und verachtenswert ansahen. Die nüchterne Einstellung Schmidls rührt von seinen eigenen Erfahrungen her, die er in der Neuen Welt gemacht hat. Der Kannibalismus ist ein Phänomen, das nicht nur bei Wilden, sondern auch bei hungernden Christen zu beobachten ist. So berichtete Schmidl davon, dass während einer Hungersnot Christen tote Spanier aufaßen.[264] Bei seiner Schilderung der kannibalischen Sitten der Carios achtet Schmidl wiederum auf das Mittel des Vergleichs: „wen sy/ von den selbigen feinden ain fangen/oder vber khumen Eß seyman oder/ weib Eß sey Jung oder olt Eß sey/ kinder so mesten siß wie man dan/ hier Zu Lanndt Ein schwein mest."[265] Besonders beeindruckt ist Schmidl von ihrer Kriegskunst. Er bezeichnet sie als hervorragende Krieger: „[und es gibt keine Nation] die pesser Zu kriech ver Landdt/ sindt Zu prauchen vnd die mer Erleeiden/ kiennen dan die obgemelten karioß."[266]

Auf seiner Expedition in den Gran Chao traf Schmidl auf das Volk der Jaraya, welches er Scherues nannte. Ihr Aussehen beschrieb Schmidl recht ausführlich. Die Scheruesen „tragen Knebelbärt und haben einen runden Ring von Holtz am Zipfel des Ohrs hangen/und das Ohr ist umb den Ring gewickelt/dass es gar wunderlich zu sehen ist."[267] Ferner fallen ihre in blauer Farbe bemalten Gesichter auf. Sein Frauenbild war bei den Scherues nicht weniger diskriminierend.

Abbildung 26: Mit Hernando Ribero auf dem Zuge zum Silberland, 1543[268]

263 Schmidl: Reisen in die La Plata Gegend, S. 33.
264 Ebd., S. 15.
265 Ebd., S. 33.
266 Ebd.
267 Schmidl: Reise, S. 50.
268 Ulrich Schmidl: Fahrt in die Neue Welt, S. 94.

Er hebt hervor, wie hübsch diese Frauen sind, „die Weiber waren von den Brüsten bis auf die Scham gar köstlich bemalt und schön auf ihre Manier", bezeichnet sie aber auch als triebhaft: „sie sind sehr anmutig und große Buhlerinnen, auch gar freundlich und sehr hitzig im Leib". Bei den Scherues glaubte Schmidl zunächst am Ziel seiner Reise angekommen sein, als er vor Ort viele Edelmetalle fand. Der Häuptling verwies ihn aber auf „amacunu". Schmidl verband diesen Ausdruck sofort mit den Amazonen, dem kriegerischen Frauenvolk aus der griechischen Mythologie. Das erwies sich als fataler Irrtum. Bremer weist darauf hin, dass das indianische Wort „amacunu" sich auf das westliche Amazonasgebiet bezieht, das indianische Wort „amassonas" wiederum das östliche Amazonasgebiet bezeichnet. Er geht von der These aus, dass die Scherues die Edelmetalle im Nachbarland Bolivien errungen haben, in dem die Nebenflüsse des Amazonas entspringen.[269] Dieses Kommunikationsproblem sollte ernste Konsequenzen nach sich ziehen. Nach mehreren Überschwemmungen und Heuschreckenplagen, die die Spanier auf ihrem Weg heimsuchten, entdeckten sie weder den Stamm der Amazonen noch fanden sie Edelmetalle. Auf dieser strapaziösen Reise trafen sie auf den Stamm der Uruesen, der ihr Leid noch vergrößerte. Der Stamm verkündete ihnen die unheilvolle Botschaft, dass der Ort, den sie suchten noch 30 Tagesmärsche entfernt und zurzeit komplett überschwemmt wäre. Daraufhin begab sich Schmidl und seine Mitstreiter erschöpft und enttäuscht nach Asuncion zurück.

Wie Léry und Staden erwähnt auch Schmidl den Stamm der Tupinamba: „sie thun nichts anders denn dass sie immer zu Krieg führen, und wann sie ihren Feind überwinden, so beleiten sie die Gefangene in ihren flecken gleich wie man bei uns die Hochzeiten einbeleittet."[270] Schmidls Begegnungen und Erfahrungen erscheinen recht abenteuerlich. Um noch ein Schiff in Sao Vicente für seine Rückkehr nach Europa zu bekommen, will Schmidl 1000 km mit nur 20 Männer durch den brasilianischen Dschungel hinter sich gelassen haben. Genauso unglaubwürdig liest sich seine Anekdote mit den Tupinamba. Schmidl soll mit seinen Männern in einen Hinterhalt geraten und von 6000 Menschenfresserinnen angegriffen worden sein. Diesem Angriff hätten die Spanier vier Tage und Nächte standgehalten, bis sie den Kannibalen entfliehen konnten. Schmidl erwähnt viele Indianerstämme, die er aber nur oberflächlich beschreibt. Bei der Beschreibung neuer Stämme benutzt Schmidl immer ein sich wiederholendes Informationsraster. Es dient dazu, die Stämme zuordnen zu können, um von ihnen Gebrauch zu machen. Wichtig und interessant sind bei ihm folgende Faktoren: ihr Körperschmuck, ihre Kriegsbereitschaft, ihre geographische Zuordnung, ihre Speisen, ihr Kannibalismus und ihr Reichtum. Bei seinen Schilderungen

[269] Bremer: Unter Kannibalen, S. 124.
[270] Schmidl: Reise, S. 94.

liegt sein Interesse zum einen auf ihrem Körperschmuck. Er dient als Identifikationsmerkmal. Zum anderen schildert er ihre Kriegsbereitschaft und ihre geographische Zuordnung. Dies dient dazu, sie gezielt als Soldaten gegen andere Stämme einsetzen zu können. Ihre Edelsteine und ihre Speisen waren von Interesse, um die privaten Gelüste zu befriedigen, die spanischen Schatzkammern zu füllen und letztlich die Spanier vor dem Hungertod zu bewahren. Der Kannibalismus der indianischen Stämme wurde als Legitimation benutzt, um ihr Reich zu erobern und sie zu missionieren. Dabei ist Letzteres zweitrangig. Es ging den Kolonialmächten primär darum, ihr Herrschafts- und Machtbereich zu erweitern und ihre Staatskasse zu füllen. Interessant ist festzustellen, dass Schmidls Wahrnehmung der Indios der von Oviedo ähnelt. Beide charakterisieren die Indios als wilde Menschen, die jenseits von jeder Zivilisation leben:

> „Sonsten haben diese Leuth ihre sondere Wollust unnd Freundt allein mit embsigen Kriegen. Sie essen und trinken, sind Tag und Nacht voll und Tantzen auch gerne. In summa: sie führen dermassen ein Wildes, rohes Epicurisch Leben dass es nicht genugsam außzusprechen oder zu beschreiben ist."[271]

4.2.3.2 Diskursive Vorbilder für Ulrich Schmidls *Reise in die La Plata Gegend*

Schmidls Sicht ist eindeutig eurozentrisch. Erbarmungslos beuten er und seine Mitstreiter die Indianer aus. Ihre Gastfreundschaft sieht er nicht als ein Zeichen der Nächstenliebe, sondern betrachtet sie als selbstverständlich. Militärische Auseinandersetzungen scheut er nicht, wenn sie dazu dienen, den Herrschaftsbereich Spaniens zu erweitern. Obgleich seine Ausführungen zu den verschiedenen Indianerstämmen von einem eurozentrischen Weltbild zeugen, stellen sie einen wichtigen Quellenwert dar, da die von Schmidl erwähnten Stämme im Laufe des 18. Jahrhunderts im Rahmen der europäischen Eroberung von der Landkarte größtenteils getilgt wurden und von vielen ausgestorbenen Indianerstämmen keine ethnologisch ausreichenden Dokumente gefunden wurden, anhand derer Schmidls Wahrnehmungen und Stilisierungen der Indianerstämme überprüft werden könnten; dieser Mangel an indigenen Quellen hat den Wert, der seinen Ausführungen beigemessen wird, erhöht.[272] Aus diesem Grund ist es dienlich, einen kurzen Blick auf die Glaubwürdigkeit Schmidls zu werfen. Schmidls Begegnungen und Erfahrungen in der La Plata-Gegend sind recht abenteuerlich. Insbesondere die umfassende Beschreibung der kannibalischen Rituale der

---

271 Vgl. Oviedo: Historia General, Bd. I, S. 95 (Buch IV, Kap. 2).

272 Franz Obermeier: Ulrich Schmidls *Wahrhaftige Beschreibung* in: Ulrich Schmidl. Reise in die La Plata Gegend (1534 - 1554), hg. von Harald Thun und Franz Obermeier, Westensee Verlag Kiel 2008, S. 42.

brasilianischen Küstenindianer erinnern stark an die Ausführungen der *Wahrhaftigen Historia* von Hans Staden. Nach Schmidls Bericht zu urteilen hat er den Tupinamba im Kampf gegenübergestanden, während er und seine Mitstreiter sich durch den brasilianischen Regenwald gekämpft haben, um ein Schiff im 1000 km entfernten Sao Vicente zu erreichen. Allein die Vorstellung, während eines Kampfes die ethnologischen Merkmale seines Gegenübers studieren zu können, erinnert eher an einem fiktiven Bericht als an eine realistische Wiedergabe. Der ethnologische Berichtsteil weist eindeutige Parallelen zu Stadens *Wahrhaftige Historia* auf. Schmidl schrieb über die Tupinamba:

> „die/ topieß die Essen an Einnander Jeren feindt/ auch daß folck thuest Annderß nichte dan/ tag vnnd nacht kriegen wieder Einnander/ vnd wan sy Jeren feindt vberwinden so/ priengeß sieß Jn Jeren fleckhen wo sye da/ da Haimbt sindt wie man Hie Zu Landt/ Ein hoch Zeit Ein plaiet auch wen/ man Jen den gefanger oder den schlaiffe/ viel Zu dott schlagen auch thuet man/ Jem der geleichen vnd helt Jm Ein/ groß druemff."[273]

Für seine Tötung wird der Gefangene bemalt, die Indianer „dantzen vmb jnen her" und „Essen vnd drienchken". Dieselben Züge dieses kannibalischen Rituals sind in der *Wahrhaftigen Historia* zu finden.[274] Dies lässt auf eine Rezeption von Stadens Bericht schließen. Überhaupt erhärten die Ausführungen Schmidls über die Menschenfresser die These einer Rezeption vom damaligen Americana-Markt. Seine fast wörtlichen und wenig überzeugenden Ausführungen populärer Kannibalenklischees schmälern die Glaubwürdigkeit seiner eigenen Wahrnehmung und Stilisierung der Indianerstämme. Seine Wahrnehmung und Stilisierung der Indios scheint aus einer Mischung einer eurozentrischen Sichtweise und einer aus einer den Americana-Markt dominierenden Vorstellung von Menschenfressern entstanden zu sein.

4.3 Das Indiobild aus französischer Sicht am Beispiel von Lérys *Histoire d`un voyage*

„Im Laufe des 16. Jahrhunderts war der Begriff Kannibale kaum mehr Objekt semantischer Reflexionen. Er war nun mit anthropophag identisch. Die Debatte bezog sich jetzt auf die Anthropophagie selbst und auf die Probleme ihrer moralischen und kulturellen Interpretation. Anthropophagie wurde vor allem auf die Tupinamba bezogen, wozu die *Wahrhaftige*

---

273 Schmidl: Reise in die La Plata Gegend, S. 137.
274 Staden: Historia, 2. Teil XXIX.

Historia ihren Anteil leistete."[275] Brasilien rückte in den Blick der französischen Kolonisten. Besonders die *Histoire de voyage* traf den Nerv der Zeit. De Anghiera nutzte die antike Geographie, Geschichte und Mythologie, um den Lesern das Eigentümliche der Neuen Welt zu verdeutlichen. Sie dienten ihm als Vergleichsmittel. Dieses Beispiel zeigt uns, dass man zu dieser Zeit mittels des Vergleichs häufig versuchte, den Lesern das Neue durch Bekanntes zu erklären und für sie zugänglich zu machen. Léry nutzte auch die Form des Vergleichs, diese allerdings nicht primär, um den Franzosen die Neue Welt näher zu bringen, sondern um ihnen einen Spiegel vorzuhalten. Sein Bericht zeigt eine andere Form der Wahrnehmung und vor allem der Präsentation der Neuen Welt, die von allen hier behandelten Reiseberichten abweicht. Das Neue und Überraschende an Lérys Geschichte ist die Gegenüberstellung, Vermischung und Verkehrung des Eigenen und des Fremden.[276] Léry entdeckte in der Neuen Welt einen Spiegel der Alten und benutzte diese Gegenbilder im konfessionellen Streit. Die Beobachtungen über die Sitten der Tupinamba verbinden sich mit den Beobachtungen über die Sitten der eigenen Landsleute, die Werte verkehren sich scheinbar vollständig.[277] Lérys Geschichte verdeutlicht, dass die abendländisch-christlichen Vorstellungen, auf die die europäischen Reiseberichterstatter und Chronisten so sehr beharrten und auf dessen Basis sie die Indios so stark degradierten, nicht frei sind von falschen Moralvorstellungen und Vorurteilen und dass ferner jene Berichterstatter und Chronisten die christliche Religion und ihre Tugenden zu ihrem Vorteil missbrauchten. Léry prangert in seiner Geschichte die Heuchelei und Sündhaftigkeit an, an der die europäische Welt und ihre Gesellschaft seiner Auffassung nach krankten. Dadurch erweist sich Brasilien schnell als das harmlosere Gegenstück zur europäischen, moralisch verkehrten Welt. „Der Kannibalismus der Wilden war seit Beginn der Entdeckungsreisen eines der meistbeachteten Phänomene, die das europäische Lese– und Hörpublikum mit der Neuen Welt assoziierte."[278] So verwundert es nicht, dass der Kannibalismus zum Paradebeispiel für die fehlende Zivilisation, für das Wilde schlechthin wurde und sich Léry desselben aus diesem Grunde in besonderem Maße annahm. Das erste Opfer seiner Kritik wurde Nicolas Durand de Villegagnon. Jener zwang die Calvinisten sich in Guanabara, im Gebiet der Tupinamba, niederzulassen. Léry beschuldigte Villegagnon für das Scheitern der Kolonie verantwortlich zu sein. Der Umstand der Konvertierung Villegagnons zum Katholizismus nach dieser Niederlage spielte für Léry in diesem Zusammenhang eine entscheidende Rolle. Diese religiöse Rückbesin-

---

275 Jurt: Die Kannibalen, S. 4.
276 Mahlke: Offenbarung im Westen, S. 144.
277 Ebd., S. 144f.
278 Ebd. S. 172.

nung Villegagnons bedeutete für den calvinistischen Prediger Léry und seine Gefolgsleute Hochverrat an den Calvinisten. „Léry bezeichnet Villegagnon als Narrenkind („enfant sans souci) und spielt damit auf die Illustration L´Amende honorable de Nicolas Durand, dit le chevalier Villegagnon an, die der Refutation Pierre Richers beigegeben ist. Auf diesen Holzschnitt ist Villegagnon nackt auf einem umgedrehten Suppentopf abgebildet."[279] Die religiöse Umkehr Villegagnons ist somit satirisch ins Bild gebracht und der Suppentopf stellt das Podest für seine Verhöhnung dar. Der Suppentopf als u.a. ritueller Gegenstand des Kannibalismus dient hier als Allusion auf das katholische Verständnis der Eucharistie, die hier mit Kannibalismus gleichgesetzt wird. Die Umkehrung des Suppentopfes ist die religiöse Umkehr Villegagnons zu einer kannibalistischen Religionspraxis.[280] „Der Streit um die Eucharistie trifft den Kern der religiösen Auseinandersetzungen. Er ist seit der frühen Reformationszeit mit dem Motiv der Anthropophagie verbunden und lässt die Darstellung des Kannibalismus der Tupinamba in einem neuen Licht erscheinen. Das Essen in seinen exzessiven Ausformungen steht im Zentrum der Abendmahlproblematik. Villegagnons Rückkehr zur Transsubstantiationslehre veranlasst Léry zu folgender Aussage "[281]:

> „Ohne zu wissen, wie es vor sich geht, wollten sie dennoch nicht nur eher grobschlächtig als im geistigen Sinne das Fleisch von Jesus Christus essen, sondern, was schlimmer war, sie wollten es nach Art der Ouetaca ganz roh kauen und hinunterschlingen."[282]

Damit bringt Léry den Kannibalismus nicht nur unmissverständlich mit der katholischen Transsubstantiationslehre in Verbindung; er vergleicht die Katholiken noch mit den wildesten Kannibalen, den Ouetaca. Léry beschreibt die Ouetaca folgendermaßen:

> „Gegen die Sitten der Menschen aus diesem Land tragen sie die Haare lang bis zum Hintern. Kurz, diese Teufelchen von Ouetaca blieben in dieser Gegend unbesiegt und neben der Tatsache, dass sie wie Hunde und Wölfe das Fleisch roh aßen, wurde ihre Sprache von den Nachbarn nicht verstanden. Sie müssen den barbarischsten, grausamsten und gefürchtetsten Nationen zugerechnet werden, die man in ganz Westindien und Brasilien finden kann."[283]

Umso eklatanter war Lérys Vergleich jener Kannibalen mit den Katholiken.

> „Der Anthropophagie-Verdacht wurde innerhalb des protestantischen Diskurses vor allem auch gegen die Katholiken im Zusammenhang mit den Verbrechen der Bartholomäus-Nacht erhoben. Dieses Ar-

---

279 Mahlke: Offenbarung im Westen, S.150.
280 Ebd.
281 Ebd., S. 150.
282 Jean de Léry: Histoire d ún voyage fait en la terre du Brésil (1578), Genf 1611, hrsg. v. Frank Lestringant, Chandeigne Paris 1994, S. 176f, zit. nach Mahlke: Offenbarung im Westen, S. 151.
283 Léry: Histoire, zit. nach Mahlke: Offenbarung im Westen, S. 152.

gument weitete sich dann aus zum Vorwurf der symbolischen Anthropophagie der Katholiken, die an die Realpräsenz Christi in den beiden Gestalten der Eucharistie glaubten."[284]

Diese These bestätigt auch Mahlke, die behauptet, dass Léry, „indem er diese Wildesten aller Wilden mit den Katholiken und im speziellen mit Villegagnons Abendmahlposition in Verbindung bringt, ein traditionelles Bild der antikatholischen Propaganda mit dem exotischen Motiv des brasilianischen Kannibalismus verarbeitet."[285]

Im wissenschaftlich-ethnologischen Bereich wird Lérys Aussage über die Ouetaca durch die Untersuchungen von Erwin Frank bestätigt. Seiner Meinung nach gehören die Ouetaca zu dem Typ der Kannibalen, die rohes Menschenfleisch aus Gier verzehren und keine verständliche Sprache sprechen. Ferner haben sie eine tierische Erscheinung und sind unendlich fern von jeder Zivilisation.[286] Léry verweist durch diesen Vergleich auf die eigentliche verkehrte Welt Europas. Die Eucharistie im Katholizismus mit dem Kannibalismus der südamerikanischen Indianer zu vergleichen, ist in Lérys *Histoire d'un voyage* nicht zuletzt deswegen ein beliebtes Motiv, weil es sich die Darstellung des Kannibalismus an das Bildrepertoire christlicher Kunst anlehnt. Bilder und Motive wie das Zerstückeln, Rösten und Verschlingen von menschlichen Körpern waren dem zeitgenössischen gläubigen Publikum nicht fremd. Ähnliche Szenarien waren den Gebildeten aus Dantes *Divina Comedia*, dem *Tundalus* oder der *Reise des heiligen Brendan* sowie aus dem *Purgatorium des Heiligen Patrick* bekannt. Sie nutzen dieses Wissen einerseits, um Naturkatastrophen, Krankheiten und Kriege als Vorzeichen der Apokalypse deuten zu können, andererseits um Menschen zur Buße zu bewegen und auf die Macht Gottes hinzuweisen. Gläubige Menschen sind beispielsweise zum vermeintlichen Eingang des Purgatoriums des heiligen Patrick gepilgert, um Buße zu tun. Ferner leistete auch die Kunst ihren Beitrag, um Höllenszenarios bildgewaltig in Szene zu setzen, wie man in vielen Kirchen der damaligen Zeit sehen kann. Der katholische Reliquienkult erreichte Ausmaße, die den Darstellungen kannibalischer Zerteilungspraktiken in nichts nachstehen. Huinzinga schreibt über derartige Praktiken in seinem *Herbst des Mittelalters*:

„So ließ man den Leichnam einer bedeutenden Persönlichkeit kochen, um die kostbaren Knochen in die Heimat zurückbringen zu können. Vor der Beerdigung der heiligen Elisabeth von Ungarn schnitten die Frommen nicht nur das Leichentuch ab, welches ihr Gesicht verhüllte, sondern auch ihre Haare, ihre Nägel, ja sogar ihre Brustwarzen."[287]

---

284 Jurt: Die Kannibalen, S. 52.

285 Mahlke: Offenbarung aus dem Westen, S. 152.

286 Erwin Frank (Hg.): Kritische Studien zu Schriftquellen zum Kannibalismus der panosprachigen Indianer Ost – Perus und Brasilien, Mundus Verlag Bonn 1987, S. 74ff.

287 Johan Huizinga (Hg.): Herbst im Mittelalter, Köster Verlag, Stuttgart 1965, S. 239.

Unzählige Leichenteile oder Ausscheidungen wie Schweißtropfen, Blutstropfen und Urintropfen liegen in diversen Reliquienkästen in ganz Europa verteilt, zu denen Gläubige pilgern, um sie anzubeten.[288] Bei diesen Praktiken verwundert es nicht, dass Léry die Katholiken mit den Kannibalen Südamerikas vergleicht. Die Eucharistie in ihrer wörtlichen Auslegung bedeutet auch nichts anderes als Theophagie und Anthropophagie in einem, werde doch der Leib Christi als Gottessohn und Menschensohn leibhaftig verspeist.[289] Auf diese Weise legitimiert Léry den Kannibalismus der Ureinwohner. Er stellt für ihn nicht länger ein moralisches Tabu dar.

Eine weitere Parallele zwischen den Kannibalen und den gläubigen Franzosen findet er im Märtyrertum. Während der Zeremonie der Tupinamba, die im Übrigen ihre Gefangenen aus Rache und nicht aus Fressgier verspeisten, ist der Gefangene nicht traurig, sondern fröhlich und prahlt damit, wie viele Tupinamba er schon getötet hat. Auch die Anführer der Lyoner Bartholomäusnacht von 1572 stellten ihre Wämser aus und prahlten vor ihrer Hinrichtung mit der Anzahl derer, die sie getötet hatten.[290] In gewisser Weise oszilliert das Bild des nackten Indianers, wie Mahlke sagt, „zwischen Täter- und Opferrolle und erinnert an das Bild des Märtyrers, der für seinen Glauben starb. Denn nur, wer freudig sein Todesurteil und dessen Vollstreckung hinnahm, konnte sich als echter Christ in den Büchern verewigt wissen."[291]

Die Einstellung, mit Freude in den Tod zu gehen, findet sich jedoch nur bei den exogenen Anthropophagen. Léry unterscheidet in seinem Werk diesen Typus von Kannibalen von einem anderen, dem endogenen Anthropophagen. Die aus Gier Rohfleisch fressenden Ouetaca vergleicht er mit den Katholiken. Die Tupinamba zählt er zu den exogenen Anthropophagen, die aus dem sozialen Motiv der Rache ihre Gefangenen verspeisen und ihr Fleisch vorher kochen. Ihr Kannibalismus ist keine Schlächterei, sondern ein religiöses Ritual, dessen Regeln festgelegt sind.

---

288 Mahlke: Offenbarung im Westen, S. 175.

289 Ebd.

290 Ebd., S. 180, vgl. Davis: Riten der Gewalt, in: Davis, Humanismus, Narrenschaft und die Riten der Gewalt, S. 184.

291 Mahlke: Offenbarung im Westen, S. 180.

Abbildung 27: Eine Darstellung von den Ureinwohnern Südamerikas[292]

Diese Unterscheidung findet man auch in Thévets Brasilianum *Les Singularités de la France antarctique,* welches 1557 veröffentlicht worden ist. Thévet unterscheidet zwischen den „Bons Anthropophage" und den „Mauvais Anthropophage". Zu den „Bons Anthropophage" zählt er die Tupinamba. Thevet beschreibt detailliert das ganze Verfahren des kannibalischen Rituals. Die Beschreibung des Rituals ist mit der Stadens zu vergleichen. Der Gefangene wird gut behandelt und mit Nahrung versorgt und für die Zeremonie vorbereitet. Ferner wird ihm eine Frau des Stammes für den Geschlechtsverkehr zugeteilt. Im Zentrum der Zeremonie steht das Opfer. Die Opferung ist ein religiöses Ritual, das nach bestimmten Regeln erfolgt. Die Kräfte des Toten werden auf die Stammesmitglieder übertragen, indem sie ihn verspeisen und ihre Kinder in dem Blut des Opfers baden.[293] Sie hat für Thévet nichts Abstoßendes an sich: „Ils le feront mourir, estimant cela pour un grand bonheur."[294] Die „Mauvais Anthropophagen" verzehren das Menschenfleisch aus Gier. Es ist bei ihnen kein kannibalisches Ritual, das dazu dient ihren Hunger zu stillen.

> „Cette canaille mange ordinairement de la chair humaine comme nous ferions du mouton, et ils y prennent encore plus grand plaisir [...] Il n'y a pas de bête au désert d'Afrique ou d'Arabie si cruelle et qui appète si ardemment le sang humain que ce peuple sauvage plus que brutal."[295]

Bei dieser Unterscheidung geht Léry im Gegensatz zu Thévet jedoch auf eine Ausnahme ein, nämlich die alten Frauen. Wie die Ouetaca und Villegagnons gehören jene zu dem

---

292 http://www.wwnorton.com/college/english/nael/16century/topic_2/delery.htm (entnommen am 23.7.2011).

293 Jurt: Kannibalen, S.6.

294 André Thévet: *Les Singularitsé de la France antarctique, 1983, S. 86f.*

295 Thévet: *Singularités,* S. 156 – 157.

Kannibalentypus, die aus Gier Menschenfleisch isst. Sie fallen bei Léry nicht nur aus der moralischen Freisprechung heraus, er bezeichnet sie sogar als Hexen:

> „Ich bin zu dem Schluss gekommen, dass der Meister der einen auch der Meister der anderen war: das heißt, dass die brasilianischen Frauen, unter denen es Hexen gibt, die bei ihnen Mossen-y-gerre heißen, und jene, die bei uns dieses höllische Handwerk ausüben, von ein und demselben Geist Satans angeleitet werden. Weder die große Entfernung zwischen den Orten noch die lange Seereise hindern diesen Vater der Lüge daran, hier und dort in denen zu wirken, die ihm durch Gottes gerechtes Urteil ausgeliefert sind."[296]

Léry verdeutlicht dadurch nicht nur den Zusammenhang zwischen den Kannibalen und den Hexen, sondern zeigt, dass die Hexen nicht nur in Europa, sondern auch in Amerika ihr Unwesen trieben. Die alten Frauen werden bei ihm zu Metaphern der verkehrten Ordnung und stellen ein Bindeglied zwischen Europa und Brasilien dar. Das Frauenbild an sich ist bei Léry äußerst negativ besetzt. Mit der Auffassung von alten Frauen als Hexen stellt er sich mit Staden auf eine Stufe. Jedoch zieht er im Gegensatz zu Staden noch einen weiteren Vergleich. Léry vergleicht die jungen Frauen mit Prostituierten, die ihrem Gewerbe in Europa u.a. in öffentlichen Bädern nachgehen. „Die Frauen von Stamm der Tupinamba tragen Armkettchen wie einen Narrenschmuck, weigern sich standhaft Kleidung zu tragen und baden zwölfmal täglich."[297] Öffentliche Bäder werden im 16. Jahrhundert mit Bordellen gleichgestellt, wie es ikonographisch traditionell belegt ist. Billiger Schmuck, Kämme und Spiegel galten als gängiges Zahlungsmittel.[298] Die Frauen der Tupinamba waren für Léry die Personifikation der Wollust und des Sündhaften, wie auch diese Aussage von ihm zeigt:

> „Ob wir in ihre Dörfer gingen oder sie in unsere Fort kamen, um bei uns zu sein, sie liefen immer hinter uns her, zeigten uns ihre Früchte und verdrehten uns den Kopf mit ihrer schmeichelhaften Art zu reden, die sie pflegten und sagten Mair, deagatorem, amabé mauroubi, das heißt Franzose, du bist gut, gib mir Armbänder und Glasknöpfe. Sie machten das gleiche, um Kämme von uns zu bekommen, die sie Guap oder Kouap nennen, Spiegel, die sie Aroua nennen und andere Kurzwaren und Spezereien von uns, nach denen es sie gelüstete."[299]

Die Frauen werden bei Léry entweder als Dämonen oder Prostituierte dargestellt. Die Verbindung zur europäischen Gesellschaft ist eklatant. Die jungen Frauen sind für die europäischen Betrachter Objekte der Schaulust und halten jenen gleichzeitig das begehrte Zahlungsmittel ihrer Lust, „Arouna", den Spiegel, vor das Gesicht.

---

[296] Léry, Histoire, S. 398, zit. nach Mahlke: Offenbarung im Westen, S. 181. .

[297] Ebd. S. 231. zit. nach Mahlke: Offenbarung im Westen, S. 165.

[298] Werner Mezger (Hg.): Narrenidee und Fastnachtbrauch. Studien zum Fortleben des Mittelalters in der europäischen Festkultur, Univ.-Verl. Konstanz, Konstanz 1991, S.157–160.

[299] Léry, Historie, S. 231, zit. nach Mahlke: Offenbarung im Westen, S.166f.

„Der Léryschen Darstellung wird zusätzlich noch eine pikante polemische Komponente dadurch verliehen, dass die Frauen mancherorts ausnahmslos Maria heißen, seitdem die Portugiesen ihr Gebiet frequentierten. Die katholische Verehrung der jungfräulichen Gottesmuster wird im Bild der kannibalischen und promiskuitiven Tupifrau verhöhnt.“[300] Solch ein Frauenbild ist bei den spanischen Chronisten nicht zu finden. Oviedo beispielsweise sprach den Indios zwar alle zivilisatorischen Qualitäten ab, macht dabei aber keinen Unterschied zwischen Männern und Frauen. Für ihn waren sie alle Barbaren und sündig vor Gott. Léry hingegen unterscheidet strikt zwischen Männern und Frauen. An keiner Stelle vergleicht Léry Männer mit Dämonen oder bezeichnet sie als männliche Prostituiere bzw. als Lustknaben. Sein Männerbild von den Tupinamba konzentriert sich vor allem auf deren Erscheinungsbild.

> „Wenn man die Steine aus ihren Lippen herausnimmt, stecken sie zu ihrem Vergnügen die Zunge durch die Öffnung der Lippe, so dass es denjenigen, die sie anschauen, so scheint, als hätten sie zwei Münder.“[301]

„Der doppelte Mund ist in der ikonographischen und literarischen Tradition wie die doppelte Zunge ein Symbol der falschen Rede und Gotteslästerung. Protestanten stellten die katholische Kirche gern mit diesen Kennzeichen dar, um ihre Doppelmoral zu entlarven.“[302] Ich stimme mit der Annahme Mahlkes überein, dass die mitgelieferte Anschauungsweise der durchlöcherten Unterlippe der Tupinamba als Anspielung auf diese polemische Symbolik verstanden werden soll.[303] Wie schon zuvor verwendet hier Léry ein Kennzeichen der Tupinamba, um die Heuchelei der Katholiken bildlich darzustellen. Die Körperbemalung ist ein weiteres Merkmal der Männer der Tupinamba, die Léry benutzt, um den katholischen Klerus ins Lächerliche zu ziehen. Denn die Körperbemalungen, die die Tupinamba als Schmuck für Rituale und Feste verwenden, erinnern Léry an die Kleidung der Priester.

> „Vor allem schwärzen sie sich die Schenkel und Beine gewöhnlich so gründlich mit dem Saft einer bestimmten Frucht namens Genipat, dass sie ihnen ein wenig aus der Ferne betrachtet, wie Beinkleider des Priesters vorkommen würden.“[304]

Die Einschnitte auf Arme, Brust und Schenkel, die über die Anzahl der gegessenen Feinde Aufschluss geben, erinnern Léry wiederum an die „Beinkleider und Wämse, die nach Art der Schweizer Garde eingeschnitten sind.“[305] Diese Verhöhnung war für die damalige Zeit

[300] Mahlke: Die Offenbarung im Westen, S. 167.
[301] Léry, Histoire, S. 217, zit. nach Mahlke: Offenbarung im Westen, S. 156.
[302] Mahlke: Die Offenbarung im Westen, S. 156
[303] Ebd.
[304] Léry: Histoire, S. 218, zit. nach Mahlke: Offenbarung im Westen, S. 159.
[305] Ebd., S. 223.

nicht untypisch. Denn die päpstliche Leibwache war wegen ihrer Kleidung, ihrer Sprache und ihrer robusten Erscheinung ein beliebtes Ziel des Spotts.[306] Einen weiteren Vergleich in ihrem Erscheinungsbild sieht Léry in ihrer Nacktheit. Die Nacktheit der Indios verbindet Léry mit Unschuld. In spiegelbildlicher Weise wird die physische Integrität der Tupinamba bei Jean de Léry als Folge einer moralisch vorbildlichen Existenz gedeutet. „Wenn die Nacktheit der Körper der Indianer mit Schönheit und physischer Integrität in Verbindung gebracht wird, dann wird diese, wie gesagt, wiederum auf moralische Vorbildlichkeit zurückgeführt. So erscheint es durchaus logisch, dass Léry berichtet, dass die Indianer ihre Nacktheit als unschuldig empfänden“:[307]

> „Au reste, chose non moins étrange que difficile à croire à ceux qui ne l'ont vu, tant hommes, tant femmes qu'enfants, non seulement sans cacher aucune partie de leurs corps, mais aussi sans montrer aucun signe d'en avoir honte ni vergogne, demeurent et vont coutumièrement aussi nus qu'ils sortent du ventre de leurs mères.“[308]

Die Nacktheit bringt Léry im europäischen Kontext mit sexuellen Exzessen in Verbindung. Denn der sexuelle Exzess ist gerade nicht aufseiten der „Wilden“ und der Nacktheit festzustellen, sondern bei den „Zivilisierten“ und Bekleideten.[309] So verneint Léry, „que la fréquentation entre ces sauvages tout nus, et principalement parmi les femmes, incite à lubricité et paillardise“, und stellt fest: „Cette nudité ainsi grossière en telle femme est beaucoup moins attrayante qu'on ne cuidrait“.[310] Die sexuelle Aufreizung geht vielmehr von der Raffinesse der Kleidung der europäischen Frauen aus:

> „Je maintiens ques les attifets, fards, fausses perruques, cheveux tortillés, grands collets fraisés, vertugales, robes sur robes et autres infinies bagatelles dont les femmes et filles de par-deçà se contrefont et n'ont jamais assez, sont sans comparaison cause de plus de maux que n'est la nudité ordinaire des femmes sauvages, lesquelles cependant, quant au naturel, ne doivent rien aux autres en beauté.“[311]

Damit verführt die Nacktheit weniger als die Kleidung die zivilisierten Europäer. „Die Evozierung der indianischen Welt wird so bei Jean de Léry auch zu einem Mittel der moralischen Kritik an den Zuständen der europäischen Welt.“[312] Wie aus den zahlreichen Beispielen zu erkennen ist, entlarvt Léry aus der Perspektive der Wilden die eigene Kultur als die wahrhaft barbarische. Er wertet die Neue Welt vor der sündigen Alten Welt auf, ohne

---

306 Mahlke: Die Offenbarung i Westen, S. 160.
307 Jurt: Unter Kannibalen, S. 11.
308 Léry: Histoire (1972), S. 97.
309 Jurt: Unter Kannibalen, S. 12.
310 Léry: Histoire (1972), S.108f..
311 Ebd., S. 109.
312 Jurt: Unter Kannibalen, S. 12.

sie zu idealisieren und verzichtet dabei auf das beliebte Argument der europäischen Kolonialmächte, dass die anthropologische Inferiorität als Legitimation für die Versklavung der Ureinwohner diente. Die *Histoire d'un voyage fait en la terre du Brésil* ist einerseits als Polemik und andererseits als ein Sittenspiegel Europas anzusehen. „Im Spiegel des brasilianischen Spektakels sehen sich all jene Europäer, die sich schändlicherweise Christen nennen und die am Jüngsten Tag in die Hölle fahren werden.“[313] „Damit verkehrt Léry die herkömmliche Werteskala (Zivilisation/Wilde/Narren/Weise), um den Wilden zum eigentlichen Weisen zu erklären.“[314] Diese Aussage und Betrachtungsweise macht den Reisebericht von Léry so einzigartig und verdient neben anderen bedeutenden internationalen Reiseberichten erwähnt zu werden.

313 Léry: Histoire, S. 19, zit. nach Mahlke: Offenbarung im Westen, S. 186.
314 Ebd.

5 Zusammenfassung

„Ein eigenartiger Zauber liegt über jenen Jahrzehnten, in denen am spätmittelalterlichen Himmel die Morgenröte einer neuen Zeit aufleuchtete. Ernte und neue Blüte, Vergehen und Entstehen ringsum miteinander.“[315] Ein neues Weltbild entstand, während das alte allmählich verblasste. Die märchenhaften Welten aus den antiken und mittelalterlichen Geschichten wurden durch neue Erkenntnisse ersetzt. Diese Entwicklung steht im Rahmen neuer Entdeckungen und Erfindungen, die sich am Ende des Mittelalters hin zum Anfang der Frühen Neuzeit kontinuierlich entfalteten. Neue Technologien wie die Buchdruckerkunst, das Schießpulver und der Kompass veränderten die Wahrnehmung, die die Menschen von der Welt hatten. Diese neuen technischen Errungenschaften sowie die Entdeckung Amerikas hatten demzufolge einen großen Einfluss auf das menschliche Weltverständnis. Ferner hatten jene Prozesse Konsequenzen für die Formen, in denen die Reiseberichte die Fremde beschreiben.

Die vorliegende Studie hatte es sich zur Aufgabe gestellt, die verschiedenen Wahrnehmungen und Sichtweisen, die Reisende von der Neuen Welt hatten, anhand von Reiseberichten und Chroniken aufzuzeigen. In den einleitenden Kapiteln wurde zunächst der Reisebericht näher beleuchtet. „Viele der frühesten Reiseberichte entstanden im Zuge einer Verschriftlichung außenpolitischer Amtstätigkeiten auf Bestellung und waren für den jeweiligen Auftragsgeber formuliert. Diese Schriften wurden erst von der Nachwelt als Reisebericht rezipiert, aber nicht von Zeitgenossen als solche verstanden.“[316] „Der Reisebericht als Gattung, der die Schilderung der Reiseerlebnisse des Verfassers selbst zum Hauptziel hat, bildete sich erst mit den Pilgergeschichten des ausgehenden europäischen Mittelalters und den Entdeckungsgeschichten der frühen Neuzeit in einer kenntlichen Form heraus.“[317] Der Reisebericht als solcher wurde von Augenzeugen geschrieben, die die Realität so darstellten, wie sie sie gesehen hatten, und den Lesern jene Überlegenheit der eigenen christlichen Welt über die der Abgötterei huldigenden Heiden am Rande der Welt bestätigen sollten. Der umfassende Versuch, alle Erscheinungsformen von Reiseliteratur in ein poetologisches Gefüge einzubinden, stammt von Manfred Link. Er entwirft eine viergliedrige Typologie, die kurz angesprochen wurde. Leider setzt Link die Darstellung äußerer Realität mit

[315] Joseph Höffner (Hg): Christentum und Menschenwürde. Das Anliegen der spanischen Kolonialethik im goldenen Zeitalter, Paulinus Verlag Trier 1947, S. 1.
[316] Michael Harbsmeier: Wilde Völkerkunde. Andere Welten in deutschen Reiseberichten aus der Frühen Neuzeit, S. 39.
[317] Ebd., S. 35.

Zweckbindung und die Darstellung innerer Realität mit Fiktionalität gleich. Diese These ist, wie dargelegt worden, zu kritisieren. Dabei erwies sich, dass das noch von Link in seiner Poetologie der Reiseliteratur in Anschlag gebrachte Unterscheidungskriterium von Fiktionalität versus Realitätskonformität als literaturwissenschaftliche analytische Kategorien der Poetik des Reiseberichts veraltet ist. „Denn anstelle des Maßstabs einer unproblematischen Realitätsrepräsentation im Text tritt beim Reisebericht der Maßstab der argumentativen Beglaubigung des Berichteten im jeweiligen geschichtlichen Kontext. Dies bedeutet eine methodische Hinwendung zu einer historischen Topik, einer Argumentationstheorie des Reiseberichts."[318] Ferner wurde anhand von Beispielen die These bestätigt, dass der Reisebericht als *narratio vera*, als *Historia* angesehen wird.[319] Jedoch hat kein Stereotyp die Reiseliteratur so hartnäckig begleitet, wie der Vorwurf ihrer Lügenhaftigkeit. Um diesem Vorwurf zu entgehen, reklamieren alle Autoren der vorgestellten Reisberichte und Chroniken für sich den Anspruch auf Objektivität und verwiesen vehement auf ihre Augenzeugenschaft. Damit verloren die antiken Spekulationen über die Neue Welt ihre Bedeutung. Indem sie ein konsistentes Bild von der anderen Wirklichkeit entwarfen und viele Vergleiche mit dem allseits Bekannten anstellten, versuchen sie sich von dem stets präsenten Verdacht des Lügens zu befreien.

> „Das ist eine Konsequenz des Erwartungsdrucks, dem die Reiseberichte von seiten ihrer Rezipienten in der Ausgangsliteratur des Fremden präformiert. Das Bild des Fremden, das der Reisebericht in seiner Darstellung entwirft, unterliegt so von vornherein Vorstellungen, welche die eigene Kultur hervorgebracht hat. Diese Vorstellungen formieren bereits die Wahrnehmung des Reisenden während seines Kontakts mit der fremden Kultur."[320]

Anhand der vorgestellten Reiseberichte und Chroniken, Flugsschriften und Kosmographien hat sich diese These bestätigt. Einerseits beharrten diese Autoren auf ihrem Anspruch auf Objektivität, andererseits maßen sie die Verhältnisse in der Neuen Welt mit dem Maßstab, der ihren abendländisch-christlichen Wertvorstellungen entsprach.

> „Missionarisches Sendungsbewußtsein, monopolkapitalistische Wirtschaftsdoktrin und das Bewußtsein der militärischen Überlegenheit erschwerte, teils verhinderte ein tieferes Eindringen in die eigentümliche Wesensart der überseeischen Fremdkultur und ein verantwortungsbewußtes Verständnis für den eigenständigen Charakter archaischer Kulturen."[321]

---

318 Neuber: Zur Gattungspoetik des Reiseberichts, S. 52
319 Ebd., S. 53, vgl. Tommaso Garzoni: La Piazza universale, 38. Kapitel.
320 Bremer: Die Erfahrung der Fremde, S. 15.
321 Urs Bitterli (Hg.): Die „Wilden" und die Zivilisation. Gründzüge einer Geistes–und Kulturgeschichte. Deutscher Taschenbuch Verlag München 1982, S. 175f.

Diese Sichtweise dominierte im 16. Jahrhundert in den Medien, die von der Neuen Welt berichteten. Zusätzlich dienten den zeitgenössischen Autoren, Verlegern und Druckern Illustrationen dazu, diese Einstellung einerseits in ihren Schriften zu verherrlichen und andererseits die Beschaffenheit der Neuen Welt in ihr eurozentrisches Weltbild einzugliedern. Unbekannte Muster wurden dabei durch Bekanntes wahrgenommen, da das zeitgenössische Publikum unfähig war, das Fremde unabhängig von überkommenen Mustern zu verstehen und gleichberechtigt neben seine Kultur zu stellen. Somit wurde der Kannibale allmählich zum Symbol für die Ureinwohner Amerikas. Das Bewusstsein von Superiorität kommt, wie dargelegt worden ist, vor allem in den spanischen Chroniken von Gonzalo Fernández de Oviedo und Hernán Cortés und dem Reisebericht von Nikolaus Federmann zum Ausdruck. Diese Überlegenheit und Geringschätzung gegenüber den Indios und ihrer Kultur ist im Werk von Bartholomé de las Casas nicht zu finden. Er liefert in seiner Gesamtcharakterisierung der Indios ein nur ins Positive gewendetes Pauschalbild der Ureinwohner. Indem er jedoch die Vielfalt ausließ, verhinderte er eine offene Begegnung mit ihnen und erschwerte ein Verständnis für ihre Eigenart. Acosta hingegen leistete einen wichtigen Beitrag zu einer differenzierten Betrachtung der Ureinwohner Amerikas und lieferte dem Leser über jene wichtige Erkenntnisse. „Doch obwohl er die Vielfalt der indianischen Kultur und Entwicklung konstatierte, war die Vielfalt, selbst in ihrem höchsten Entwicklungsgrad, nicht gleichrangig mit der europäischen Entwicklung, die auch für ihn ein Maßstab blieb."[322] Im Gegensatz zu anderen Reiseberichtsautoren entdeckte Léry in der Neuen Welt einen Spiegel der Alten und benutzte diese Gegenbilder im konfessionellen Streit. „Sein Werk ist eine protestantische Schrift, deren Kraft mehr in der wortgewaltigen antikatholischen Polemik und in der heilsgeschichtlichen Erhöhung der reformierten Christen liegt als in ethnologischen Details."[323] Seine Geschichte verdeutlicht die Heuchelei, die Vorurteile und die fehlenden Moralvorstellungen der katholischen europäischen Gesellschaft, nach deren Maßstab sie maßen und urteilten. Léry verwendete das kannibalische Naturvolk somit als Folie für die Kritik an der französischen Gesellschaft.

Der Reisebericht von Hans Staden ist besonders unter anderen Reiseberichten und Chroniken hervorzuheben. Er machte seine Erfahrungen als Gefangener der Tupinamba und gehörte schließlich selbst einer Welt an, die außerhalb der bekannten Kultur und Zivilisation zu verorten ist. Um diese Erfahrung im Rahmen eines Reiseberichts seiner Umwelt mitzuteilen, konnte Staden sich nicht mit der für die Gattung ansonsten charakteristischen Abfolge statisch-deskriptiver und dynamisch-narrativer Passagen begnügen. Er wendete

[322] König: Das Indiobild spanischer Chronisten, S. 62.
[323] Malke: Offenbarung im Westen, S. 141.

seinen Blick auf die Lebensverhältnisse, um von ihnen ein umfassendes Bild zu erstellen, und liefert seinen Lesern aus verschiedenen Lebensbereichen detaillierte Informationen, die er aus zwei Perspektiven wiedergab: erstens aus der Perspektive des Opfers, das durch Gottes Gnade bei den Wilden überlebt hat, und zweitens aus der Sicht des distanzierten Beobachters.

> „Die systematische ethnographische Darstellung rekapituliert noch mal den Hintergrund des im ersten Teil geschilderten dramatischen Ereignisablaufs. Indem Staden dem Leser die von ihm handelnd erlebte andere Welt noch mal aus der Sicht eines fragenden Beobachters vor Augen führt, ergeben sich Distanz und Abstand.“[324]

Um den Erfolg in einer von Analphabetismus beherrschten Welt zu garantieren und den Schilderungen Ausdruck zu verleihen, fügte er Illustrationen hinzu, die an die ikonographischen Formen des Volksbuchs erinnern. Indem Staden in beiden Teilen des Berichts auf den Illustrationen zu sehen ist, vereint er *descriptio* und *narratio* miteinander, welches zu einer erhöhten Textkohärenz führt. Dieses Novum setzt eine Genreentwicklung in Gang.[325]
Dieser allmähliche Prozess, der sich auf verschiedene Bereiche ausweitet, findet sich auch in den Illustrationen. Aus diesem Grunde wurden die Holzschnitte aus der Originalausgabe der *Wahrhaftigen Historia* mit den Kupferstichen von de Bry verglichen, welche aus einer Auflage des ausgehenden 16. Jahrhunderts entnommen sind. Die kannibalischen Szenen werden im Großen und Ganzen gleich dargestellt. Die Figuren unterscheiden sich in ihrer Illustration jedoch erheblich. Auf den Holzschnitten sind die anthropophagen Szenen relativ nüchtern dargestellt. Die Indianer besitzen keinen physischen Ausdruck. In den Kupferstichen von de Bry werden den Tupinamba antikisierende Züge verliehen, indem sie in ihrer Körperstatur und Physiognomie dem klassischen Schönheitsideal angeglichen werden.[326]
Die Distanz zum Betrachter wird durch eine Verfremdung aufgehoben, die durch die Beziehung der klassizistischen Figuren zu ihrem gestischen und mimischen Ausdruck wie auch zu den gezeigten Handlungen entsteht.[327] Diese Darstellungsweise sowie seine Erfahrungen verleihen der *Wahrhaftig Historia* unter den Reiseberichten des 16. Jahrhunderts einen einzigartigen Charakter. Jedoch wurde auch darauf hingewiesen, dass Stadens Wahrnehmung von mehreren Werken beeinflusst wurde und er das am Americana-Markt dominierende Menschenbild in seinem Bericht wiedergegeben hat.
Die Objektivität Schmidls darf ebenso stark angezweifelt werden. Es wurde gezeigt, dass Schmidl von Staden rezipiert hat. Ebenso erhärten die Ausführungen Schmidls über die

---

[324] Harbsmeier: Wilde Völkerkunde, S. 111.
[325] Obermaier: Hans Staden und sein Brasilienbuch, S. 27.
[326] Jurt: Die Kannibalen, S. 9.
[327] Ebd. S. 10.

Menschenfresser die These einer Rezeption vom damaligen Americana-Markt. Seine Wahrnehmung und Stilisierung der Indios scheint somit eine Mischung zwischen einer eurozentrischen Sichtweise und einer aus einer den Americana-Markt dominierenden Vorstellung von Menschenfressern zu sein. Obgleich seine Ausführungen zu den verschiedenen Indianerstämmen von einem eurozentrischen Weltbild zeugen, stellen sie einen wichtigen Quellenwert dar, da die von Schmidl erwähnten Stämme im Laufe des 18.Jahrhunderts im Rahmen der europäischen Eroberer von der Landkarte größtenteils getilgt wurden.[328]

[328] Obermeier: Ulrich Schmidls *Wahrhaftige Beschreibung,* S. 42.

6 Quellenverzeichnis

6.1 Primärliteratur

Acosta, José de: Historia natural y moral, hg. von Jane E. Mangan ; übers. und mit Anm. vers. von Walter Mignolo, Duke Univ. Press Durham 2002.

Angleria, Pedro Mártir: Decadas, übers., hg. und mit Anm. vers. von Hans Klingelhöfer, Wissenschaftliche Buchgesellschaft Darmstadt 1973.

Casas, Bartholomé de Las: Brevísima relación de la destrucción de las Indias occidentales, hg. von Hans Magnus Enzensberger, übers. v. Dietrich Wilhelm Andrea, Insel Verlag Frankfurt a. M. 1966.

Federmann, Nikolaus: Indianische Historia, hg. von Juan Friede, Renner Verlag München 1965.

Léon, Cieza de: Chronica del Peru. The seventeen years travels of Peter de Cieza through the mighty kingdom of Peru, and the large provinces of Cartagena and Popayan in South America: Now first translated from the Spanish, and illustrated, London 1709.

Léry, Jean de: Histoire d ún voyage fait en la terre du Brésil (1578), Genf 1611, hg. von Frank Lestringant, Chandeigne Paris 1994.

Montaigne, Michel Eyquem de: Le Brésil de Montaigne, le Nouveau Monde des Essais, (1580-1592), hg. von Frank Lestringant, Chandeigne Paris 2005.

Oviedo, Gonzalo Fernández de: Historia general y natural de las Indias, übersetzt und hg. von Sterling Aubrey Stoudemire, Chapel Hill: Univ. of North Carolina Pr. 1959.

Schmidel, Ulrich: Reise in die La Plata-Gegend 1534–**1554**, hg. von Franz Obermeier, Westensee-Verlag. Kiel, 2008.

Staden, Hans: Wahrhaftige Historia und Beschreibung einer Landschaft der wilden, nackten grimmigen Menschenfresser in der Neuen Welt Amerika gelegen, hg. von Günther E. Th. Bezzensberger, Thiele & Schwarz Verlag Kassel 1978.

6.2 Sekundärliteratur

Bächthold-Stäubli, Hans: Handwörterbuch des deutschen Aberglaubens, Berlin/Augsburg 2000.

Berg, Eberhard: „Wie ich in der tyrannischen Völcker Gewalt kommen bin“ – Hans Stadens Reisen in die Neue Welt, in: Der Reisebericht. Die Entwicklung einer Gattung in der deutschen Literatur, hg. von Peter J. Brenner, Suhrkamp Verlag Frankfurt a. M. 1989.

Bitterli, Urs (Hg.): Die „Wilden“ und die Zivilisation. Gründzüge einer Geistes – und Kulturgeschichte, Deutscher Taschenbuch Verlag München 1982.

Bordat, Josef: „Oviedo y Valdés, Gonzalo Fernández de“*, in: Biographisch-bibliographischen Kirchenlexikon, Bd. XXIX, Sp. 1028 - 1032.*

Börner, Klaus H. (Hg.): Auf der Suche nach dem irdischen Paradies, Wörner Verlag Frankfurt a. M. 1984.

Brednich, Rolf Wilhelm: Amerika in den frühneuzeitlichen Medien: Flugblatt und Newe Zeitung, in: Mundus novus. Amerika oder die Entdeckung der Bilder, hg. von Peter Mesenhöller, Klartext Verlag Essen 1992.

Bremer, Georg (Hg.): Unter Kannibalen, die unerhörten Abenteuer der deutschen Konquistadoren Hans Staden und Ulrich Schmidel, Schweizer Verlaghaus Zürich 1996

Brenner, Peter J. (Hg.): Die Erfahrung der Fremde. Zur Entwicklung einer Wahrnehmungsform in der Geschichte des Reiseberichts in: Der Reisebericht. Die Entwicklung einer Gattung in der deutschen Literatur, Suhrkamp Verlag Frankfurt a. M. 1989.

Burghartz, Susanna: Alt, neu oder jung? Zur Neuheit der „Neuen Welt“ in: Die Wahrnehmung des Neuen in Antike und Renaissance, hg. von Achatz von Müller und Jürgen von Ungern – Sternberg, Leipzig (Colloquia Augusta Raurica 8) 2004.

Faber, Gustav: Vorwort zu Hans Staden, „Wahrhaftigen Historia“, in: Wahrhaftige historia. Zwei Reisen nach Brasilien (1548–1555), h**g. von** Franz Obermeier, Westensee Verlag Kiel 2007.

Frank, Erwin (Hg.): Kritische Studien zu Schriftquellen zum Kannibalismus der panosprachigen Indianer Ost – Perus und Brasilien, Mundus Verlag Bonn 1987.

Fuerter, Eduard (Hg.): Geschichte der neuen Historiographie, München/Berlin 1936.

Glaser, Rüdiger (Hg.): Klimageschichte Mitteleuropas. 1200 Jahre Wetter, Klima, Katastrophen. Mit Prognosen für das 21. Jahrhundert, Wissenschaftliche Buchgesellschaft Darmstadt 2008.

Griep, Wolfgang: Lügen haben lange Beine, in: Reisekultur - Von der Pilgerfahrt zum modernen Tourismus, hg. von Hermann Bausinger, München 1991.

Hanke, Lewis: Pope Paul III and the American Indians, in: Harvard Theological Review 30 (1937), S. 65–102.

Harbsmeier, Michael (Hg.): Wilde Völkerkunde. Andere Welten in deutschen Reiseberichten der Frühen Neuzeit, Campus-Verlag Frankfurt a. M. 1994.

Höffner, Joseph (Hg): Christentum und Menschenwürde. Das Anliegen der spanischen Kolonialethik im goldenen Zeitalter, Paulinus Verlag Trier 1947.

Hofmann, Heinz: Über die Langsamkeit des Wandels von Weltbildern. Die Verarbeitung der Entdeckungen in der neulateinischen Literatur und die Vorgabe der Antike, in: Die Wechselwirkungen von Tradition und Innovation der geographischen Beschreibungen der Alten und Neuen Welt, hg. von Rudolf Suntrup/Jan R. Veenstra, Suhrkamp Verlag Frankfurt a. M. 2001.

Hrdlicka, Ales: Melanesians and Australians and the peopling of America, Smithsonian Miscellaneous Collections. Bd. 94, Nr. 11, Washigton, 1935, S. 2.zit. in: Helga Gemegah (Hg.): Die Theorie des spanischen Jesuiten José de Acosta über den Ursprung der indianischen Völker aus Asien, Lang [u.a.], Frankfurt a. M. 1999.

Huddleston, Lee Eldrige: Origins of the American Indians, European Concepts, 1492–1729, Austin and London 1967, S. 16 zit. in: Helga Gemegah (Hg.): Die Theorie des spanischen Jesuiten José de Acosta über den Ursprung der indianischen Völker aus Asien, Lang [u.a.], Frankfurt a. M. 1999.

Huizinga, Johan (Hg.): Herbst im Mittelalter, Köster Verlag, Stuttgart 1965.

Knefelkamp, Ulrich: Wie man sich über die Neue Welt informierte, in: Die Neue Welt in alten Büchern. Entdeckungen und Eroberung in frühen deutschen Schrift–Bildzeugnissen, hg. von Ulrich Knefelkamp/Hans Joachim König, Ausstellung der Staatsbibliothek Bamberg 1988.

König, Hans Joachim: Amerika. Mythisches, Irrtümliches und Merkwürdiges im Kartenbild, in: Die Neue Welt in alten Büchern. Entdeckungen und Eroberung in frühen Schrift–Bildzeugnissen, hg. von Ulrich Knefelkamp/Hans Joachim König, Ausstellung der Staatsbibliothek Bamberg 1988.

Ders: Bartholomé de Las Casas der Historiker, in: Objektiver Betrachter oder bewusster Verleumder? Historiker oder Apologet?, in: Von Kolumbus bis Castro. Aufsätze zur Geschichte Lateinamerikas, hg. von Michael Riekenberg/Stefan Rinke/Peer Schmidt, Hans-Dieter Heinz Verlag Stuttgart 2006.

Ders.: Die Entdeckung und Eroberung Amerikas, hg. von Hans Joachim König, Ploetz, Freiburg 1992.

Ders.: Das Indiobild spanischer Chronisten, in: Die Kenntnis beider Indien im frühneuzeitlichen Europa. Akten der zweiten Sektion des 37. deutschen Historikertages in Bamberg 1988, hg. von Urs Bitterli, Oldenbourg Verlag München 1991.

Ders.: Das Lateinamerikabild in der deutschen Historiographie, in: Von Kolumbus bis Castro. Aufsätze zur Geschichte Lateinamerika, hg. von Michael Riekenberg/Stefan Rinke/Peer Schmidt, Hans-Dieter Heinz Verlag Stuttgart 2006.

Ders.: Neue Welt in alter Sicht, in: Die Neue Welt in alten Büchern. Entdeckungen und Eroberung in frühen deutschen Schrift – Bilderzeugnissen, hg. v. Ulrich Knefelkamp/Hans Joachim König, Ausstellung der Staatsbibliothek Bamberg 1988.

Jurt, Joseph: Die Kannibalen, erste europäische Bilder der Indianer-Von Kolumbus bis Montaigne in: Der Alteritätsdiskurs des Edlen Wilden, hg. von Monika Fludernik, Ergon Verlag Würzburg 2002.

Kiening, Christian: Das wilde Subjekt. Kleine Poetik der Neuen Welt, hg. von Gadi Algazi, Berhard Jussen, Christian Kienig u.a., Bd. 9. Vandenhoeck&Ruprecht, Göttingen 2006.

Krohn, Wolfgang (Hg.): Francis Bacon: Novum Organum, Aphorismen 122, Beck Verlag München 1987.

Levack, Brian (Hg.): Hexenjagd, Die Geschichte der Hexenverfolgung in Europa. Beck Verlag München 2003.

Link, Manfred (Hg.): Der Reisebericht als literarische Kunstform von Goethe bis Heine, Univ., Diss., Köln 1963.

Mahlke, Kirsten (Hg.): Offenbarung im Westen. Frühe Berichte aus der Neuen Welt. Fischer Taschenbuch Verlag Frankfurt a. M. 2005.

Menninger, Annerose: Die Macht der Augenzeugen, Neue Welt und Kannibalen-Mythos 1492-1600, Beiträge zur Kolonial-und Überseegeschichte, hg. von Rudolf von Albertini und Eberhard Schmitt, Bd. 64, Franz Steiner Verlag Stuttgart 1995.

Mesenhöller, Peter: Amerika oder die Macht der Bilder, in: Mundus Novus. Amerika oder die Entdeckung des Bekannten. Das Bild der Neuen Welt im Spiegel der Druckmedien vom 16. bis zum frühen 20. Jahrhundert, hg. von Peter Mesenhöller, Klartext Verlag Essen 1992.

Mezger, Werner: Narrenidee und Fastnachtbrauch. Studien zum Fortleben des Mittelalters in der europäischen Festkultur, Univ.-Verl. Konstanz, Konstanz 1991.

Möller, Lise Lotte: Die wilden Leute in der deutschen Graphik des ausgehenden Mittelalters, in: Philobiblon 8 (1964), S. 260–272.

Mühlmann, Wilhelm E. (Hg.): Geschichte der Anthropologie, Athenäum-Verlag Frankfurt a. M. 1968.

Neuber, Wolfgang: Zur Gattungspoetik des Reiseberichts–Skizze einer historischen Grundlegung im Horizont von Rhetorik und Topik, in: Der Reisebericht. Die Entwicklung einer Gattung in der deutschen Literatur hg. von Peter J. Brenner. Suhrkamp Verlag, Frankfurt a. M. 1989.

Oberacker Jr., Karl Heinrich.: Presse – Nachrichten über Brasilien aus dem 17. Jahrhundert, in: Staden–Jahrbuch 13 (1965) (= Beiträge zur Brasilkunde und zum brasilianisch-deutschen Kultur- und Wirtschaftsaustausch ; Veröffentlichungen des Instituto Hans Staden de Ciências, Letras e Intercâmbio Cultural Brasileiro-Alemão, Sao Paulo).

Obermaier, Franz: Hans Staden und sein Brasilienbuch in: Wahrhaftige Historia. Zwei Reisen nach Brasilien, hg. von Harald Thun und Franz Obermaier, Westersee Verlag 2007.

Ders.: Ulrich Schmidls *Wahrhaftige Beschreibung* in: Ulrich Schmidl. Reise in die La Plata Gegend (1534-1554), hg. von Harald Thun und Franz Obermeier, Westensee Verlag Kiel 2008.

Rau, Kurt (Hg.): Augsburger Kinderhexenprozesse 1625 –1730, Wien(u.a.), 2006.

Schmitt, Eberhard (Hg.): Die Anfänge der europäischen Expansion, Schulz-Kirchner Verlag Idstein 1991.

Sprenger, Jakob: Hexenhammer: Aus dem lateinischen übertragen und eingeleitet von J. W. R. Schmidt, München 1982.

Vogel, Klaus: Amerigo Vespucci und die Humanisten in Wien, in Pirckheimer–Jahrbuch 7 (1992) (= Von den Folgen der Entdeckungsreisen für Europa, hg. von Stephan Füssel, Nürnberg 1992), S.53–104.

Wolf, Werner: „Das sind die neu gefundenen menschen und völcker“, Europäische Indianerbilder des 16. bis 19. Jahrhunderts zwischen Entwurf und Projektion, in: Mundus Novus. Amerika oder die Entdeckung des Bekannten. Das Bild der Neuen Welt im Spiegel der Druckmedien vom 16. bis zum frühen 20. Jahrhundert, hg. von Peter Mesenhöller, Klartext Verlag Essen 1992.

Yánez. Augustin: Fray Bartholomé de las Casas. El conquistador conquistado. Méxiko 1941, S. 33; zit. nach: Juan Comas, Historical Realitiy and the Detractor of Father Las Casas, in: Friede/Keen (Hg.), Bartholomé de Las Casas in History.

6.3 Internet-Quellen

http://www.anthropologieenligne.com/pages/08/8.131.html

http://www.burks.de/forum/phpBB2/viewtopic.php?p=2013

http://www.dominicos.org/grandes-figuras/personajes/bartolome-de-las-casas/recomendaciones-a-los-misioneros

http://www-gewi.uni-graz.at/cocoon/barch/get?pid=wissg-b-072-161

http://faculty.fullerton.edu/nfitch/nehaha/ballies.htm

http://www.itanhaemvirtual.com.br/Tupinamba_3.jpg

http://www.heise.de/tp/r4/artikel/21/21825/21825_2.jpg

http://www.laconquista.de/conquista/biographien/casas.htm

http://www.mittelmass-genuegt.de/kannibalismus-als-kunst

http://mundus-novus.wikispaces.com/Petrus+Martyr

http://www.planetwissen.de/natur_technik/ordnungssysteme/kartografie/martin_behaim.jsp

http://www.physiologus.de/bilder/kann1.gif

http://www.staff.uni-mainz.de/lustig/texte/antologia/cortes.htm

http://www.uwekoester.net/bilder/.jpg.

http://de.wikipedia.org/wiki/Fernandez_de_Oviedo

http://de.wikipedia.org/wiki/Kannibalismus

http://www.wwnorton.com/college/english/nael/16century/topic_2/delery.htm

http://www.zeit.de/zeit-geschichte/2011/01/Zeitalter-der-Entdecker